눈 마주쳐 보았는가

창조문예
시 선
0 0 **8**

박종숙 시집

눈 마주쳐 보았는가

창조문예사

시인의 말 ────────────────

잠 못 이루는 밤

어깨 내주는 시가 있어 감사했다

2023년 8월

박종숙

차례 ──────

시인의 말 • 5

1부_ 사랑나무

가끔은 한번 길을 잃고 싶다	13
빈 강가에 서서	14
천승대	16
사랑나무	18
그 마음 펴들고	20
언제 눈 마주쳐 보았을까	22
용문사 물소리길	24
믿음의 동굴	26
그 집 나무	28
복숭아 알레르기	30
할 말 많은 입술 감아올리며	32

2부_ 갯벌에 불 지르다

반달	35
내 이렇게 살다가	36
선바위 시나모	38
한강	40
아궁이 입 열었다	42
갯벌에 불 지르다	44
누가 먼저 침묵을 깨야 할까	46
새해맞이	48
살구나무 카페	50
남도 시인	52
십자가 언덕	54

차례 ———————————————————

3부_ 무엇이 다른가

수석을 엿보다	59
산토리니	60
장지메	62
감자	64
몽블랑	66
퇴직 첫날	67
막전을 부치며	68
감사의 이정표	70
무엇이 다른가	72
119	74
공중에 떠 있는 섬	76

4부 _ 귀 기울이는 바다

저녁 강	81
신고서 작성	82
귀 기울이는 바다	84
붉은 텃밭	85
내 언제 고양이 좋아했던가	86
수잔Suzan	88
별 그리다	90
귀 마주 앉아	91
립스틱 꺼내 보인다	92
눈시울 붉히는 감나무	94
포개진 그릇	96

차례 ———————————————

5부_ 그렇게 살아가는 거라고

또 하루가 저물어 간다	99
독	100
소라게 집	102
곰삭은 소리	104
누가 귓전 달구었을까	106
밸런스 게임	108
현관의 기도	110
구겨진 종이백	112
확 갈아엎고 싶다	114
제다 공항에서	116
그렇게 살아가는 거라고	118
단추 죄다 풀어버린 손	120

평설 • 사물의 깊이에 두레박을 드리우다
   - 박종숙 시집 『눈 마주쳐 보았는가』의 시적 정서 고찰
                         이동희(시인·문학박사) • 122

1부
사랑나무

가끔은 한번 길을 잃고 싶다

우연을 가장한 잘못 빠져든 솔비치
호기심 많은 커튼 사이로 밤을 열어재켰다
휘어진 소나무 가지 사이로 바다의 창을 열자

달빛, 그네에 앉혀놓고
혼자라도 거닐기 좋은 모래사장

늦은 밤 불꽃놀이가 끝나자
바람을 질끈 묶은 커튼의 주름 부풀어 올랐다
이마에 손 얹는 새벽바람이 차다
출렁이는 파도 소리에 현기증이 날 즈음

슬며시 이불깃을 들추는 보름달
오랜만에 마주 보는 그윽한 눈빛
왠지 눈썹이 떨렸다

가끔은 한번 길을 잃고 싶다

빈 강가에 서서

강을 향해 길게 뻗어 내린 자갈길
한 무리 아이들 손을 잡고 내려가고 있다

아파트 가을 화단을 한 바퀴 돌아왔는지
색색의 단풍으로 물든 손 물비늘처럼 빛나고 있다
올망졸망한 뒷모습을 지켜보며 문득,
사연과 이름 없는 길이 없듯이
강도 그렇다는 것을 저 아이들은 알까

그래 먼 훗날 알게 되겠지

연꽃을 든 조안*의 물안개 축복을 받으며
양수리에서 한강이 된 북한강 남한강처럼
수택리에서 암캉, 숫캉으로 눈 감고 만나

해와 달과 별 그리고 천 개의 바람
그 안에서 사십 년 세월 함께 흘러온
너와 나, 우린 진정 한강이 되었을까

아이들이 떠나간 빈 강가에 서서
잠시 눈 감아 본다

* 조안 : 경기도 남양주시에 있는 조안면

천승대

새 소리에 귀 기울이며
입구 들어서자 미소로 맞아주는 꽃들
소곤거리며 걸어 올라가고 있다

어스름 새벽과 동행하는 그 뒤
뒷짐 진 계단 따라 올라가 보았다
한 걸음 앞서 올라가는 계단
손 내밀면 두 걸음 다가와 주었다

안개의 나라에 당도하자
가만히 문 흔들어주고 다시 내려가는 계단
떨어진 꽃잎 발등에 얹고
내려가는 뒷모습 홀가분해 보였다

안개 문턱을 밟고 넘어서자
하늘 향해 두 팔 벌리고 있는 소나무
가지 사이에서 경건한 빛 새 나왔다

여기선 돌도 기도한다
여기저기 앉아있거나 서 있는 돌
어느 이름 모를 산과 골짜기 헤매다
여기까지 오게 되었을까

청평호수를 내려다보며 앉아있는,
무슨 소망 그리 간절하기에
꽃바람 불어도 미동도 하지 않는다

사랑나무

사랑나무가 굵은 허리를 곧추세웠다
사방으로 뻗을 수 있는 만큼 가지를 뻗자
무수한 잎사귀 일제히 귀 열었다
나는 수시로 그 나무를 찾아갔다

둑길 달려온 국화들도 할 말이 많은 듯
키를 다투며 나무의 발등 밟아댄다

이 세상에 수많은 나무가 있지만
언제 찾아가도 쉴 그늘 내주며
귀 기울여주는 나무가 가장 큰 나무이다

때로 세상 이웃한 가지 몰래 넘나들며
온갖 달콤한 열매 맛보고 싶지만
나는 안다 저 깊은 뿌리 속에
거울이 들어있다는 것을,

어쩌다 그 골목 다녀온 뒤로
발에 쥐나도록 앉아있었다
쉬이 마음이 맑아지지 않는다

그 흔한 옹이 하나 없는 사랑나무
이 산 저 산 넘나들던 새들뿐 아니라
땅속에서 잠만 자던 매미들도
나무의 귀가 따갑도록 할 말이 많다

어머니는 나의 사랑나무였다

그 마음 펴들고

시가 뭐길래
평생 낡은 구두에 가난 한 벌 걸치고 사셨던,

목요 수업이 있던 날 사무실에서
당신을 닮은 우산 하나씩 손에 쥐어 주셨다
무슨 돈으로 사셨나 하니 그저 웃기만 하신다

오늘도 그 우산 펴들고
6월 동작동 국립묘지에 들어섰다

충혼탑, 녹음이 우거진 창가 2층 사무실에서
청춘처럼 환하게 웃고 계신다
늘 관리비에 가슴 졸이며 사셨는데
여기선 무료라 마음 편하신가 보다

우린 가슴에 꽃도 달아드리고
평소 좋아하시던 남인수의 봄비도 들려드렸다
문학기행 때 허리 젖히며 즐겨 부르시던,

마음 둘 곳 없어 방황하던 날들
선바위에 등 기댄 시나모* 사연도 들려드리며
생전 입에 달고 사시던 당신의 체험 시론
장대비 아닌 가랑비로 내려 달라고 부탁드렸다

모처럼 모인 애제자들, 돌아서며
3년 탈상 기념으로 시집 발간을 약속하였다
한강 건너오는데 새들도 마음이 조급해선지
허우적거리며 물속에서 글을 쓰고 있다

* 시나모 : 시를 나누는 모임

언제 눈 마주쳐 보았을까

친구의 생일을 맞아
소문난 돌다리 뒷골목 명태찜

머리에서 꼬리까지의 거리, 가깝고도 멀었다
한때 제 살 일부였던 가시만 남겨놓고
점차 지워져 가는 빈자리
양 손가락 쪽쪽 빨며 입담으로 메워갔다

살아생전 명태의 여정 어떠했을까
쫀득거리는 아가미에서 꼬리를 향해 질주하는
맛깔난 대화는 꼴사나운 수다. 그러나
우리에겐 소크라테스의 진지한 생의 문답

마침내 접시에 고소한 눈만 남았다
우린 약속이라도 한 듯 젓가락 높이 쳐들고
서로의 반짝거리는 눈 들여다보았다

외식 후 식탁, 은근 살가워지기 마련이다
청양고추 송송 두부는 넙죽 얼큰해진 동태찌개
맛있어 맛있어 하며 연신 들이마시는
그의 무심한 눈 은근슬쩍 올려다보았다

언제 눈 마주쳐 보았을까

용문사 물소리길

용문사에서 걸어 내려오다가
스님처럼 맞아주는 물소리를 만났다

장마에 떠내려간 돌다리 아쉬워하며
공사 중이라는 팻말 피해 잠시 마른 뚝방을 걷다가
제 속 훤히 드러내 보이는 물가에 배낭을 풀었다

언젠가 불상이 될지도 모를
크고 작은 돌 드러누워 있거나 엎드려 있다

해묵은 밤 대추로 만든 약밥과
강화 순무로 만든 시큼한 깍두기가 전부였지만
예비 부처님 앞에 차려진 소박한 공양

돌 속에 고인 햇살 연하게 펴고 있는데
개미 한 마리 눈치 없이 다가온다

어쩌면 전생의 인연인지 몰라
천년 은행나무 밑에서 귀동냥한 염불 한 구절
등 뒤 물소리에 씻어 외우며
떨어진 약밥 한 조각 나뭇잎에 올려주었다

법당 기도 온전히 드리진 못해도
천년 고찰 용문사에서 흘러내리는 법륜의 물
물소리 너무 들은 탓일까

믿음의 동굴

민들레 닮은 꽃 납작 엎드려 있다
얼마나 짓밟혔으면 아직도 고개 들기 꺼려할까
발등 스쳤을 뿐인데 홀씨, 바람의 등에 업힌다

데린쿠유* 동굴 속 엎드려 기어들어 가니
수만 명이 숨어 살던 지하 세계
잘 숙성된 믿음의 냄새가 배어있다
한 조각 밀떡과 거친 포도주에 감사하며
돌 속에서 기도하다 돌 속에서 눈감은 사람들
한 줌 햇살과 바람 얼마나 간절했을까

풀어졌던 신발 끈 묶으며
돌의 눈동자에 맺혀있는 눈물
눈 속에 들어온 화석 하나 들고 일어섰다
이젠 껌 씹기보다 쉬워진 믿음의 생활
가슴에 품어온 돌 가만히 들여다보며
어쩌면 이 돌, 어느 자색 여인 베옷 갈아입을 때
주머니에서 흘린 돌인지 몰라

지상의 옷을 벗고 빛의 옷 갈아입을 때
어느 골짜기나 들녘, 도시의 빈 골목에서
천년 바람으로 마주칠 널 위해 난
어떤 믿음의 징표 하나 남기고 떠날까

* 데린쿠유 : 튀르키예에 있는 동굴 속 지하 도시

그 집 나무
– 라일락 향기

커튼 촘촘하게 드리워져 있다
울타리 단단히 채워진 그 집 앞 지날 때
발끝 사뿐 세워본다

길고양이 담장을 타넘던 어느 날
호기심 덧댄 나무의 창이 덜컹거렸다
바깥세상 궁금해하던 아이들
몽올몽올 얼굴 내밀기 시작했다

킥킥거리는 소리에 발길 멈추고 돌아보니
손에 무언가 쥔 아이들 창가에 매달려 있다
꽃의 뚜껑 열 때마다 엄마의 살 냄새
고양이도 아랑곳하지 않는 아이들 웃음소리
담장 넘어 골목 어귀까지 따라왔다

더 멀리 가고 싶은 아이들
5월을 태운 자전거 골목 빠져나갈 때
눈 감고 창에서 뛰어내렸다

견디다 못한 가로등 어지럼증 호소하자
한동안 그 집 나무 어쩔 줄 몰라 했다

복숭아 알레르기

산기슭 서성거리던 눈발
등 떠밀려 넘어진 가지마다
꽃이 눈을 떴다

나비가 날개 접는 가지마다
맨발의 햇살 몸을 뒤집고
꽃놀이에 취한 바람 수시로 들락거렸다
점점 졸음 가누지 못하는 배꼽

거칠게 숨 몰아쉬는 여름
제 빛깔 재촉하며 과육을 살찌운다
불꽃 핥는 체온으로
씨앗 품은 몸 붉어지기 시작하였다

더 이상 기다리지 못하고
터지는 과육으로 흥건하게 젖는다
잎 속에서 터지는 수밀도
누가 먼저 손 내밀었을까

눈 깔고 돌아앉아 온몸 긁는다
몇몇은 알고 있었다
키득거리는 보들보들한 가시
혀 속에 숨겨놓은 달콤한 경고장

할 말 많은 입술 감아올리며
― 나팔꽃

할 말 많은 입술 감아올리며
아침 밖으로 걸어 나가는, 그 뒤를
이슬 뒤에 숨어 지켜보았다 누군가
앞서 걸었는지 뒤돌아보는 길목마다
시들고 있는 보랏빛 등

이른 햇살이 먼저 담장을 타넘는다
바람의 계단에 잠시 걸터앉아 있는데
뿌리의 주소가 같아서인지 가시 없는
줄기를 기둥으로 내준 속 깊은 해바라기
두 손 벌려 그늘까지 받쳐 준다

할 말 견디다 보면 입술 먼저 시들기 마련,
손 짚고 일어서려는데 발등이 가렵다
내려다보니 홀씨 불다가 입술 터진 민들레
어제 떨어진 햇살과 마른 꽃잎들
남몰래 주워 담느라 납작 엎드려 있다

2부
갯벌에 불 지르다

반달

목이 말라 잠결에 눈을 뜨니
침대 모서리가 은은하다

반쯤 일어나 머리를 쓸어 넘기니
고된 하루를 틀어 올렸던 핀을 주워준다
언제부터 지켜보고 있었을까
도시의 눈썹 깊이 잠들기를

바쁘게 사느라 잊고 살았던
밤낮 붙어살기에 더 멀어진,

이불 한 자락 슬쩍 걷어주니
오랜만이라며 옆에 와 눕는다
선잠 깬 이마 포근하게 어루만져주며
짙어진 눈썹에 입 맞춘다

누가 창문 열어놓았을까
아침에 눈 뜨니 양어깨가 시리다

내 이렇게 살다가

겨울비 고여 창문 일렁일 때
베란다에 놓아둔 고구마 꺼내 보았다

서리가 돌로 박혀있다
찬바람이 외투 펄럭일 때마다
뒷걸음쳐 숨어들었나 보다
여기저기 도려내니 온전한 구석 하나 없다

혀를 차며 도려내다 눈 빡빡해져
잠시 거울을 들여다보았다
해와 달 여닫느라 희미해진 눈썹과
사계절 골짜기로 흘러내린 잔주름
된서리 되어 박혀있다

내 이렇게 살다가 언 고구마처럼
손보고 싶을 때 있다
평생 겨드랑이에 숨겨온 울음
그 붉은 울음 도려내면 무엇이 남을까

고요해진 창밖을 내다보니

함박눈 세상을 껴안고 있다 서둘러

뚜껑 닫은 솥, 눈물 섞인 불 위에 올려버렸다

선바위 시나모

광화문에 거센 비바람 몰아친 후
선바위 기슭에 시나모*라는 못이 생겼다
시나브로 말라버릴 줄 알았는데
물의 뿌리 내리더니 제법 맷집 불려가고 있다
머잖아 강을 향해 등 곧추세울 기세이다

새벽 별빛 우러르며
제 안에서 스스로 깊어져 가는 못의 눈빛
갈수록 선하고 맑아져 간다

물이라고 다 같은 물일까
쪼개진 바위 밑에서 푸석한 이끼 잘근잘근 씹다가 온
가재처럼 납작해진 물도 있고
몇십 년 묵은 산삼 뿌리 야물차게 빨다가 온
아직도 심장이 쫄깃거리는 물도 있고
어깨 서로 끌어안고 가다가 얼떨결에 등 떠밀려 온 물도 있다

예까지 흘러온 지난 여정이야 어찌 되었든
듬직한 선바위에 등 기대었으니
그립고 간절한 눈빛 속에서
서로를 둥글게 다독이며 깊고 찰진 물 돼보자
찰진 물은 여운이 오래 간다고 한다

때 되면, 산과 골짜기 뒤흔들기도 하고
먼 길 찾아든 철새 고향이 돼주기도 하는
저 강을 향해 뜨거운 손 흔들어 보자
강의 쿵쾅거리는 가슴 속에 뛰어들어도 보자
강도 흘러가며 숨 쉬고 사랑을 한다

* 시나모 : 시를 나누는 모임

한강

어쩌다 우리 여기서 만났을까
비를 붙들고 왔을까 눈을 밟고 왔을까

그조차 우리 묻지 말자
북한강이든 남한강이든 그 너머
이름 없는 어느 작은 골짜기면 어떠랴
뜨겁게 눈 마주친 순간, 우리 한강이 되었다

물은 흐르며 숨 쉰다
고인 물이나 돌려막는 물은 생기가 없다

물속 그림자와 하나 된 검단산처럼 마주 누워
젖은 눈썹 부비며 우리
저 멀리 노을빛에 자맥질하는
철새가 배경이 되는 풍경으로 흘러보자

오늘 해를 아침의 어깨 위에 얹고
깨어있는 눈빛으로 한목소리 되어

불의 씨앗이 들어있는 바다를 향해 흘러보자

뒤돌아보지 말고

아궁이 입 열었다

비가 내리자 아궁이 입 열었다
눅눅해진 장작 부챗살로 펴놓고
휘어진 고래의 등에 바람 통로 만들었다

날개 단 연줄은 당겨보아야 알 수 있고
불의 통로는 뒤집어 보아야 알 수 있다

한 뭉치 신문지와 함께 해묵은
몇 권의 시집 던져주었다
호기심 많은 모서리가 먼저 불을 안는다

빗소리 굵어질수록 눈 부릅뜨는 불씨
허접한 광고에서 어눌한 토씨까지
온몸 뒤집으며 뜨겁게 읽어주었다

김 서린 가마솥 뚜껑을 열자
수천 개 불씨 벗겨 먹은 혀 위에서
무엇인가 보여준다

밤의 밑바닥까지 활활 태우다 보면

고래가 참았던 숨을 토하듯

반짝이는 시 한 구절 건질 때 있다

갯벌에 불 지르다
– 서천 바닷가

썰물이 되자 갯벌에 불 지르며
미처 지우지 못한 발자국 찾아 나섰다
열릴 듯 열리지 않는 입술 앞에서
장대의 불길 더욱 세차게 달아올랐다

속살 녹는 소리 은밀하게 들리는
갯벌은 밤하늘 은하수

장대가 휘파람을 불자
다산을 꿈꾸는 어둠의 밀실 속에서
숨소리까지 말랑말랑해진 설기
뭇별처럼 튀어나왔다

깜깜할수록 기다림의 숨소리 깊어간다
입술 달싹거리던 구멍 속에서
축 늘어진 개불 튀어 오를 때
근질거리던 웃음 저 멀리 날아올랐다

설기와 개불이 별이 되는 갯벌
밀물에 쫓기면서 몇 번이고 뒤돌아보았다

누가 먼저 침묵을 깨야 할까

현관이 헐거운 덕소 아파트
젖은 우산을 털며 들어섰다
습관대로 광고 자막에 눈 고정시킨다

왜 이 박스 안에 들어서면
잎담배처럼 등을 말거나
입 꾹 닫은 감자나 고구마 될까

생판 모르는 남자와 둘이 탈 땐
자막에 뜨는 글 자근자근 씹는다

짜장면 배달이나 고소한 치킨 택배 등
자막엔 그저 건성인
고마운 헬멧과 타면 더없이 편하다

바뀌는 자막에 해외 뉴스가 뜬다
드러난 어두운 속살은 국민의 침묵

비단 러시아뿐이겠는가
택배와 목숨 건 강남 아파트
문 앞 배달은 요구하면서도 차량 출입은 불가

누가 먼저 침묵을 깨야 할까

새해맞이

무심했던 거실 소파, 터진 방석 드러내니
뼈와 **뼈** 사이 온전한 살점이 없다
꺼진 가슴에 크고 작은 얼룩, 왜 진즉 알아채지 못했을까
식초에 베이킹파우더 상한 우유 동원해 보지만
뼛속까지 전이된 얼룩 쉽게 제거되지 않는다

상에 올릴 떡국 사골도 준비해 놓기로 하였다
밤새 물속에 담궜어도 오랫동안 삐져나오는 불순물
첫 물은 눈 감고 버렸다
서너 번 우려내니 그제서야 진국 우러나온다

얼룩과 불순물 많은 내 안의 **뼈**
얼마나 담그고 우려내야 뽀얀 우윳빛 될까

동창 모임에서 돌아온 그의 말, **뼈**를 때린다
큰 수술을 세 번이나 받은 시경수라는 세무사 친구
2년여 동안 120자루 붓을 지극정성 우려내
신구약 성경을 필사하였다 한다

얼마나 간절하고 사무쳐야 저리 우려낼 수 있을까
새해엔 모나미 볼펜이라도 준비해 보자
나는 무엇을 필사해 볼까나

살구나무 카페

손재주 있는 영감님을 고용한
개울가 벗나무 카페가 부러웠나 보다
텃밭에 진심인 입이 큰 여자를 고용해
가지로 그늘을 엮어 차일을 치고
둥근 탁자와 의자 내놓았다

가지에 매달아 놓은 메뉴 들여다보니
100% 무농약을 자랑하고 있다
확실한 증거로 땅강아지와 지렁이 그려두었다

막걸리 소주가 주메뉴인 벚꽃나무 카페와 다른 점은
건강을 위한 채소가 주메뉴라는 점
오늘 점심은 채소 비빔밥과 오이냉국

밥값은 따로 받지 않는다 다만
땀 흘리며 풀을 뽑아야 한다
푸짐한 양푼 바닥까지 싹싹 비우고 나니
들깨밭에 떨어진 살구 서너 개 담아 내놓는다

수박 참외 넝쿨 슬쩍 뒤집어 보다가
식곤증을 엉덩이에 깔고 고추밭에 엎드렸다
청양고추 두 소쿠리 담아내니
불꽃 치솟는 등에서 용암 흘러내린다

입이 큰 여자 말이 맞는 것 같다
암도 고치는 텃밭 농사
빙벽氷壁 불면증엔 끓는 용암이 최고

남도 시인

실비 내리는 수요일, 여천역에 나가니
노란 봄을 우비로 입은 수선화가 웃고 있다
아침 햇살 손 내미니 초록 날개를 편다

봄이 다른 곳보다 이르다는 섬진강
청주교대 강의 자료 정리하고 있는데
지리산 기슭마다 꽃 항아리 터지고 있다
눈처럼 꽃잎 흩날리는데
골짜기마저 태워버린 청매화 홍매화
섬진강 강심까지 출렁거리게 한다

꽃 항아리 저리 펑펑 터지거나 말거나
창가의 여자 고개 들지 않는다
시집에 푹 꽂혀있는 서늘한 손
얼마나 시가 사무치게 그립고 좋으면
순천에서 중앙대 문창과까지 다니고 있을까
모자의 챙이 깊고 넓은 여자

무궁화호 차창에 걸린 한 폭의 수채화
남도 시인임을 자인한다

십자가 언덕

밀어버릴수록 선명해지는 십자가
밀어버릴수록 뜨거워지는 믿음
밀어버릴수록 높이를 더해가는 언덕

북극의 불도저나 시베리아 유배지도 어찌하지 못한
한 시대의 빛과 어둠의 언덕

피 흘리는 입과 발목, 재갈과 족쇄 채울수록
자유와 독립을 갈망하는 함성 십자가로 모여들고
해와 달 속에서 십자가의 힘 더욱 세지고 강력해졌다

바람의 발길 끊이지 않는 소문의 언덕

울컥거리는 걸음으로 돌아 나오는데
울창한 십자가 숲을 향해 올라오는 또 한 무리의 함성
신랑이 십자가 높이 쳐들자
갓 결혼한 신부 면사포가 리투아니아 국기처럼 펄럭인다

이제는 검은 그림자의 언덕이 아닌
희망찬 내일을 소망하는 평화와 사랑의 언덕

3부
무엇이 다른가

수석을 엿보다

자정의 노래 붉은 담 타고 내려올 때
담쟁이가 무성한 소문의 등줄기 더듬고 있다
더듬다 보면 틈새의 언저리 찾을지 모르겠다

아직 들여다본 적 없으니 속사정 안다고 할 수 없다

오래 전 담 뒤편에 뛰어든 나비
낡아가는 담을 울리더니
날개에서 찢어진 북소리 들렸다

반쯤 눈 감고, 서로의 안 들여다보면
이 담이나 저 담이나 속사정은 비슷한데
수석 속에 들어있는 붉은 담은 애써
죽은 애벌레 같은 틈새 감추려 한다

그럴수록 담쟁이 얼굴 그늘이 짙어갔다

산토리니

너는 에게해 깊은 절벽에 살고 있고
너를 향한 간절한 길
너무 먼 길이라 오랫동안 망설였다

피레우스* 항구에서 서너 마리 갈매기
끼 쓰고 따라오다 구름처럼 사라져 버리고
바다를 바다로 읽고 있다가 눈과 귀 잃고
망망대해가 되어가고 있을 즈음

환호성과 함께 멀리서 네가 보였다
비틀거리며 배에서 내리자
눈 부신 햇살로 으스러지게 껴안아 주는 너
네 이마 눈처럼 희고
네 눈동자 참으로 맑고 푸르다

너는 비탈진 와이너리 언덕에서
포도 줄기의 달콤한 연주로 초대해 주었고
그 품에 향기롭게 안겨 취한 나는

석양에 물든 잔 높이 쳐들고

증오도 사랑도 모두가 어제의 뒤안길
이아마을도 좋아 피라마을도 좋아

이방인보다 더 분위기를 타는
기분 좋게 취해가는 너의 붉은 뺨에
무수히 손키스를 보냈다.

* 피레우스 : 그리스 아테네에 있는 항구

장지메

허물어진 무장 토성土城에 올라서니
장지메*에 붉은 꽃 무리 번지고 있다
자운영 일렁이는 시선 끝에
가방 내던지고 달리던 유년이 보였다

제 몸속에 보아서는 안 될 구덩이 팠던
골짜기의 시퍼런 대숲 아직도 여전하다
돌아가지 못할 어깨와 부서진 턱들 켜켜이 쌓인,

대낮에도 소나기 머리 풀고 달려들면
가재 눈으로 달려도 머리채 잡아채거나
제자리 뛰는 발목 무섭게 걷어찼다

지는 해 눈 감기 전
구덩이에 토해놓는 노을의 심장
퍼덕거리는 살 떨림 발라먹기 위해
죽창 어깨에 메고 서성거리는 대숲

완장 찬 그 앞을 지나려면
합동 제삿날 쓸 복분자주를 내놓든지
신발 밑창이라도 토해놓아야 했다
잊겠다고 다 잊혀지진 않는다

옛집, 귀 떨어져 나간 창고에 들어서니
개처럼 끌려다니던 궤짝 속에서
목쉰 대숲의 바람 소리 들렸다

* 장지메 : 고창 무장면에 있는 지명

감자
― 이종웅을 그리며

풀을 뜯다가 뒤돌아보니
두텁게 닫아놓은 이랑 한구석이 패였다
얼마나 드세게 발 굴렀는지
삐져나온 발뒤꿈치가 퍼렇다

지금은 때가 아니라며 호미 뒤집어
삐져나온 발등 슬쩍 덮어주었다
언젠가 주렁주렁 열리는 날 오겠지

한동안 수수한 꽃 피더니
며칠 전 비에 젖는 꿈 꾸었다

이랑의 눈썹 뒤집던 호미가 문 두드리자
환하게 열리며 내밀어 주는 손
대리석을 닮은 이마가 웃고 있다
문 열릴 때마다 크고 작은 방 굴러 나온다

앞서는 그를 따라 방 구경에 나섰다

방마다 정겨운 문패 하나씩 붙어있는데
성화, 계몽, 평창, 축복, 6000가정
생전처럼 낯설지 않았다

더 이상 방이 굴러 나오지 않자
손등에 별 하나 그려주고 돌아서더니
새벽의 눈부신 이마 딛고 날아올랐다

어제 춘천 무릉공원에 다녀왔다
해마다 보내주던 감자 대신 닮은 손을 묻고
패이지 않게 둥근 봉분 만들어 주었다

주렁주렁 열리는 후손 궁금해지면
지상의 문 열고 내다보라고
생전에 좋아하던 대리석 화병 속에
녹슬지 않는 열쇠 하나 몰래 넣어 두었다

몽블랑*

책상 아래 서랍을 여니
구석에서 무언가 눈썹 끌어당긴다
하얀 별꽃 하나 머리에 얹고 있다
여전히 손금 하나에 쏘옥 들어간다

눈 마주치자
그날처럼 가슴이 설렌다

잔을 권하니 혀 밑에 묻어둔 옛이야기
방파제를 넘는 너울성 파도로 토해낸다
한동안 검은 불꽃 토해내더니
처음 마주하던 말간 그 얼굴로 돌아왔다

솔비치 밤바다에서 처음 마주한 너
달빛 아래 홀로 앉아있던 그네라는 행간에 이르자
비로소 혈색이 도는 붉은 입술

몽글몽글하던 첫 느낌 그대로

* 몽블랑 : 만년필 이름

퇴직 첫날

목에 흰 목도리 포근히 감싸주고
출근 시간에 맞추어 동서울로 향했다
프리미엄 우등버스, 제네시스80보다 안락하였다
무선 이어폰 끼고 눈 감으니 잠이 스르르

53도 천연 온천수가 용출된다는 척산온천
한산한 노천탕에 들어가니 솔바람에
23년간 누적된 피로가 봄눈 녹듯 스르르

인터넷 예약해 둔 바닷가 콘도
특별 서비스란다 바다가 한눈에 들어오는 605호
널찍한 침대에 누워 백사장을 내려다보니
기다렸다는 듯, 발끝까지 일어선 파도
저 멀리서부터 손 흔들며 달려온다

한 사나흘, 파도 소리 격하게 끌어안고 잠들고 싶다

막전을 부치며

실리콘 주걱의 붉은 혀가
그릇에 남은 반죽을 싹싹 핥는 동안
여자의 프라이팬은 달구어지고 있었다

누군가 TV를 켰다
계묘년 새해 뉴스

솟을대문 활짝 열린 종갓집 대청마루
기름진 전과 나물이 사라진 성균관 차례 상
너무도 간소하여 민망하게 느껴졌다

옆으로 삐져나온 귀 동그랗게 몰아넣으며
어쩌면 마지막 전이 될지 몰라
정성을 다해 뒤집어 보기로 하였다

귀가 얌전해진 전이 빤히 올려다본다
지금은 터만 남은 큰집 용매 형님 눈 닮았다
열일곱 살에 시집와 층층시하 제상 차리느라

비좁은 부엌에서 평생 엎드려 살다 간,

올해는 접시 하나 따로 준비하리라
높이 괸 때깔 좋고 값비싼 어전 육전 위에
막전 하나 번듯하게 올려놓고
고명으론 우물가 앵두 대신 체리 한 움큼

그러면 형님 마음 편해지실까

감사의 이정표
  − S를 생각하며

고양이가 내려뜨려 놓은 이층 계단

잠시 한눈파는 사이
작은 손과 발 꼬물거리고 있다
엉덩이 들썩거리다가 마지막 계단 끝에서 뒤돌아본다
놀라서 울 줄 알았는데 한 번 씨익 웃어 보이고는
고리 살짝 풀린 문 밀고 들어선다
앞서 올라간 보리가 앞발 내밀고 기다리고 있는,

곤두섰던 눈썹의 미간 제자리에 돌려놓으며
잠시나마 지난날 더듬어 본다

나 역시 한때 저렇게 겁 없이 오르던 계단 있었다
하지만 이국서 맞닥뜨린 낯선 계단
얼마나 험하고 가팔랐던가
발길 머무는 곳마다 감사의 이정표 세우며
정신없이 오르내리다 보니 어느새 불혹의 나이

돌맞이 아기가 올라간 생애 첫 계단
먼저 올라와 엎드려 기다려준
고양이, 그 목에도 감사의 이정표 달아주련다

무엇이 다른가

버들가지 너머 엎드려 있는 여자
따사로운 햇살에 취한 건지 냉이에 취한 건지
가까이 다가가도 취한 듯 알아채지 못한다
농원의 산들바람으로 돌아서는데
왜 소쩍새는 가슴으로 우는 걸까

논두렁 타고 넘어가니 아랫마을 향한 지름길
언제 조성되었는지 낯선 봉분 하나가 눈에 띈다
차마 질러가지 못하고 쭈뼛거리다 돌아서는데
덤불 속에 쑥들의 곤한 잠 옴팡 고여 있다

연한 잠 흔들어 깨우기 머쓱해
마른 웅덩이로 누워 깊은 하늘 들여다보았다
하늘 속에 초승달 희미하게 떠 있다 잠시나마
덤불 속에 나 역시 희미하게 떠 있겠지

봉분처럼 두 눈 감고 들여다보는 하늘이나
마른 웅덩이로 들여다보는 하늘, 무엇이 다른가

쑥국 없는 저녁 식탁에 앉아
초승달, 날 들여다보며 무슨 생각을 했을까
한동안 하고픈 말이 많을 것 같다
농원의 봄이 내 안을 들락거리는 동안,

119

이동 침대가 들어오고 베란다에 누워있던 그가
화분의 고무나무처럼 묶여졌다
고무나무는 선 채로 실려 왔지만
그는 누운 채 실려 나갔다

온갖 검사를 하기 위해 들락거리는 동안
좌우 침대를 눈여겨보았다
앞 침대는 어찌나 부어올랐는지
금방이라도 애드벌룬처럼 둥실 떠오를 것 같다
옆 침대는 대청호 겨울 갈대처럼 울고 있다

천만 중 다행, 뼈는 이상이 없어
몇 가지 조치 후 심야 택시를 탔다

금슬 좋은 모습이 좋아 보인다며
십 년 동안 돌보던 아내 삼 개월 전에 떠나보냈다는
기사님, 한양대병원이 자기 집처럼 편하다고 한다
눈 감고도 걸어 다닐 수 있다고 한다

괜스레 미안한 마음이 들었다

천국에서 만날 사랑하는 아내를 위해
씩씩하게 견디며 살겠다는,
영혼의 낙상도 두려워하지 않는 신실한 믿음
뒷모습에서 아우라가 느껴졌다

차에서 내리니 새벽 공기가 달콤하였다

공중에 떠 있는 섬

유모차 밀고 한강에 나가는
엘리베이터에서 만난 위층 노부부
늙은 개 한 마리 모시고 사느라
변변한 여행 한 번 가보지 못했다 한다

퇴직과 함께 장거리 여행을 꿈꾸며
화분들을 조용히 정리하였다
하지만 아직도 눈치채지 못하고 있는
고무나무 한 그루

말 많은 경비실은 가망이 없고
골목 입구부터 샅샅이 훑어보았다
홍마담 멍냥마트 레온인테리어 남우커피 등
차마 입이 떨어지지 않는다

만만한 지인에게 하소연하니
누구나 한번은 그렇게 가는 거라며
인적 드문 아파트 뒤 화단에 내놓으라 한다

자식이 아홉이나 되었어도
요양원에 맡길 수밖에 없었다며

25층 아파트 10년 넘게 살았어도
나무 한 그루 눈 감고 맡길 곳이 없구나
엘리베이터에서 잠시 고개 숙여도
단지 껌 씹는 인사일 뿐

멀리서 아파트 단지 올려다보니
공중에 떠 있는 섬같이 느껴진다

4부
귀 기울이는 바다

저녁 강

미련 거두는 손 눈물로 풀어주고
홀로 저물어 가는 강
선홍빛 손수건 흔들며 석양마저 떠나가자
강의 얼굴빛이 바뀌었다
저만치 목이 긴 새 한 마리 지켜보고 있다

서늘해진 눈빛으로 돌아서는데
발등 드러난 기슭에 황새 한 마리
저대로 잠을 청하려는지
뒤척이던 날개에 부리를 처박는다
겨울 끝자락 말아 올리고 있던 버드나무
바람을 주름잡아 물 커튼 드리워 주었다

차마 어찌할 수 없어
가슴속에 돌을 키우며 사는 강
어둑해질 때지 눈물 글썽이는 소리 들린다
오늘따라 더 크게 들린다
무슨 말 못 할 사연 그리 많은지

어린 시절 내 어머니를 닮은 강

신고서 작성
― J를 생각하며

어둑해지는 창밖에 비 내리는데
댈러스행 비행기는 두 시간째 연착 중이다

사흘 전 막내딸 결혼식 소식 전해온
지인의 부고가 카톡에 떴다
다리가 풀려 외진 기둥에 기대어 있다가
뒤돌아보았다 달라진 건 아무것도 없다
핸드폰에 매달려 있거나
모여 떠들고 있거나 하품을 하고 있다

구름 위에서 아득한 지상을 내려다본다
끝없이 이어 달리는 차량 행렬이
텃밭 살구나무 옹이 속 개미 왕국이다
몇십 마리 떨어져 죽거나 병들어 죽거나
싸우다가 서로 짓밟혀 죽어도 누구 하나
눈 하나 깜짝하지 않는 일상의 분주함

신고서 작성을 위해 여권을 꺼냈다
고유번호와 이름 생년월일을 적다가
지상의 생명 벨트가 풀린
한 많은 지인의 신고서가 궁금해졌다

심장이 달그락거리는 동안에도
목회를 향한 열정 꺼지지 않았다
바람결 같은 지상의 날들 뒤돌아보며
그는 무엇을 어떻게 신고하려 할까
원하는 목적지 무사히 도착할 수 있을까

지상을 향한 마지막 식사 시간은 정확하였다
제사 음식이 그렇듯 입맛에 맞거나 말거나
먹고 안 먹고는 본인 의사에 달렸고
마지막 남은 기내 쓰레기 거두어지자
지상을 향한 생명 벨트 붉게 조여졌다

귀 기울이는 바다

해수욕장 개장을 앞둔 6월의 바다
파도 소리보다 기차 소리에 더 귀 기울이는,

소나무 숲 사잇길로
이른 새벽을 불러 백사장에 나가 보았다
어쩌면 나인지도 모를
모자 속의 여인 맨발로 걸어오더니
뒷모습 소실점으로 남기며 저 멀리 사라져 간다
무슨 생각에 잠겨 걷고 있는 걸까

소실점에서 빠져나와 수평선을 응시하자
태초 창조주 하늘 부모님 눈빛이 저러했을까
더없는 감격과 환희에 찬,
요람 속에 곤히 잠들어 있는 손주
들여다보고 있는 아들 내외 눈빛이 그러하였다

두 번째 병원 개업을 앞둔 아들의 바다
파도 소리보다 비행기 소리에 더 귀 기울이는,

붉은 텃밭

보름 만에 텃밭 찾아가니
장마 앞둔 유월이 펼쳐놓은 검푸른 초록
땅심 믿는 잡초와 힘겨루기 하는데
개울 건너 먹구름, 주먹 휘두르며 달려온다

놀란 호미 앞장서 달려가자 담장 앵두나무
한걸음에 달려와 가지우산 씌어주었다
촘촘한 우산살마다 농익은 앵두

눈빛만 스쳐도 후드득후드득

아프게 쏟아지는 우박 방울 앵두 방울
부러진 가지와 함께 붉게 물들어가는 텃밭

며칠 전 목격한 아스팔트 사고가 떠올라
선뜻 발 내디딜 수 없는데
눈치 없는 접시꽃 어깨 너머로 접시 들이댄다

내 언제 고양이 좋아했던가

계곡을 여닫는 물소리에
더디 가는 숲길을 따라 걷는데
덤불 속에서 고양이 한 마리 튀어나와
갸웃거리며 빤히 올려다본다

순간, 뮤가 생각나 가슴이 뭉클하였다
아들의 숱한 애원에도 불구하고
손녀 알레르기 핑계로 멀리 내쫓아버렸다

그럼에도 한동안 카톡 열릴 때마다
아들의 화면 속에서 튀어나와 반겨주었지

갑자기 골짜기 확 깊어지고 옆구리가 저려왔다
어쩌다 여기까지 올라왔을까
풀벌레라도 마주치면 반가웠을까

잠시 감았던 눈을 뜨니
댈러스 하늘의 구름 고였다 사라진다

배낭에 손 얹자 어린 고양이
귀 쫑긋, 두 발 모으고 다소곳이 지켜본다

다시 한번 눈물이 치솟았다

수잔 Suzan

눈 감고 뛰어내리고 싶다 푹신푹신한 구름

기내 창밖을 내다보다가
어젯밤 방문을 두드렸을 때 새털 레이스로
구름 침대에 걸터앉아 있던 그녀 생각이 났다
어깨 흘러내리는 젖은 머리 퍽 몽환적이었다

Suzan, 이름처럼 세련되고 단단한
커리어 우먼의 길을 걸어왔다지만
챙 넓은 모자로도 결코 가릴 수 없는
고단함, 눈가 주름에 엷게 내비쳤다

하지만 지금도 청바지가 잘 어울리는
어디서나 거침없는 당당한 여인

94세 엄마와 언니를 수목장에 잠재우고
이제야 자유로운 영혼을 구가하는,
사진이 취미라는 그녀가 폴더를 열자

수많은 호수와 꽃과 얼굴이 저 하늘 구름처럼
선명하게 찍혀있다

잠시 스치는 인연이었지만 나 역시 벌이 되어
그녀의 북유럽 폴더 속에 들어 있었다

그녀는 몰랐을 것이다
그녀의 폴더 속에 머무는 동안 얼마나 내가
붕붕거리며 그녀의 온갖 폴더 속을 헤집고 다녔는지를,

잠시일지라도
누군가를 가슴속 폴더 속에 담는다는 것,
생각해 볼 일이다

별 그리다

거실 문이 열리자
빈 화분과 함께 햇살 따라 들어왔다
햇살이 둥근 팔 둘러주자
그 안에 들어가 꽃씨처럼 잠을 청해 보았다

눈을 감자 속이 편안해졌다 문득,
목소리마저 감아야 들어갈 수 있는
양평의 별 그리다*가 떠올랐다

비문이 든 주소를 들고
양지바른 그 골짜기 돌아 나올 때
잔 기울이며 다시 한번 물어보았다

우리가 같이 걸었던 숲이나 강
그리고 별에 대해선 말하고 싶지 않았다
다만, 편안해졌냐고
이젠 좀 편안해지면 안 되겠냐고,

* 별 그리다 : 공원묘지

귀 마주 앉아

오래된 라디오와 귀 마주 앉아
감자를 손질하고 있었다
깨진 이마와 배꼽 살펴보고 있는데

아프리카 아동 후원에 이어
등굣길 아이 품에 안겨있는 검은 봉지와
동네 쓰레기통에서 발견되었다는 고양이 뉴스

고양이가 눈을 뜨자 모자이크 처리된
꾹꾹 숨겨져 있던 신원의 블랙박스 추적되었다

비닐봉지 속엔 병든 생명을 한 번도 안아보지 못한
덜 여문 초경의 붉은 두려움이
후리덤이란 이름으로 한데 뒤섞여 밀봉되어 있었다

채널을 돌리자 이미자 노래가 쏟아져 나온다
동백꽃 가사를 깔고 앉으며 썩어도 너무 썩었어
아직도 불룩한 검은 봉지 가늠해 보는데

쥐가 난 정강이에 걸려 그만 물컹,

립스틱 꺼내 보인다
  – 고목

화장발 잘 받는 계절 다시 돌아왔다
들었던 거울 엉겁결에 놓아버리고
넝쿨 어깨 들이밀던 능소화를 향해 한때
분칠한 얼굴 보여주었는지 알 수 없다

밤을 지새우며 가지를 채워도
늙은 마을로 가라앉는 배꼽, 헐거워진
그 틈을 개미들 쉬지 않고 드나들고 있다
그럴수록 허리 더욱 뒤틀린다

가지 넘나들며 붓질 해대던 초록
뻐꾸기 알 꿰뚫어 보던 눈으로
푸석해진 구멍 들여다본다
소리의 귀 열고 꽃씨 든 화약을 장전하자
진땀이 수액으로 뿜어져 나왔다

고목, 겨드랑이에 피가 도는지
돌담에 기댄 한쪽 어깨가 젖어있다

며칠 후 고양이 숨어 다니는 골목을 향해
진한 립스틱 꺼내 보인다

눈시울 붉히는 감나무
– 고향 집 철거

자동차 소리 들리자
장독대 딛고 선 봉선화 일제히 까치발 든다

앵두나무 사이에 두고
한 우물 들여다보던 위 아랫집
어쩌다 귓속말 들키면 뒤 목이 붉어졌다

꼭두새벽부터 밤늦도록
매캐한 연기로 앉아 살던 용매 형님
주저앉은 어깨에 재 쌓이더니
고추잠자리 빨랫줄 넘나들 때

앞마당에 몇 두레박 햇볕 좌악 쏟아붓고는
눈부신 홑청 둘러쓰고 떠나버렸다
사나흘 동네 꽃들 모여앉아 울었다

시침질하다 남은 빛의 실밥 틀어
열 길 제 안을 가늠하던 우물

한동안 수위 조절하는가 싶더니
독한 농주와 함께. 남은 재 속에 든 불꽃
머리끝까지 들이마셔 버렸다

그 많던 입 다 어디 갔을까
골목 개 짖는 소리 들리지 않고 이제
멀고 가까운 소식조차 나눌 귀 없다

거침없이 평수 넓혀가고 있는 잡초와
뒷마당 통해 빠져나가려던 굴뚝
한동안 녹슨 문고리로 불러 세웠다

손 털며 일어서니
대문 앞에서 눈시울 붉히는 감나무
휘어진 가지에 걸려있는 저녁노을

포개진 그릇

큰일을 치르고 난 뒤,

무엇 때문에 틀어졌을까
이리 달래고 저리 달래보아도
어찌나 단단히 삐졌는지
어느 한쪽 양보할 기색이 없다

가까이 갈수록 귀 틀어막고
입마저 앙다물고 버티어
윗방 한쪽 구석으로 내밀쳐 놓았다

새벽녘이 되자
배꼽이 먼저 끓기 시작했다
누가 먼저 군불을 지폈을까
얼어붙어 있던 그 저녁

창밖엔 함박눈이 내리고 있었다

5부
그렇게 살아가는 거라고

또 하루가 저물어 간다
― k를 생각하며

강기슭에 등을 보이는 벤치 하나

노을을 바라보며 적막을 지킨다 언제부터인가
따뜻한 눈길 건네주는 사람 없다
마주 앉아 정담을 나누거나
옛이야기 들려주는 목소리 더 이상 없다

빈손이라도 좋으니 찾아와
떨고 있는 어깨 감싸주기 기다리지만
빈 갈대 울리는 서늘한 바람만 스쳐 지나갈 뿐
다가오는 손길 없다

또 하루가 저물어간다

황새가 풀 섶에 묻어놓은 발자국 따라
새벽안개로 다가와 시린 어깨 감싸주는
깊어가는 물소리뿐

독

눅눅해진 쌀 베란다에 죄 내다 널며
빈 쌀독을 씻게 되었다
지금은 쌀독으로 부르지만
이전엔 매실엑기스독이었다

이 독을 물려주신 어머님에겐 물독이었다
전엔 이 말의 뜻 이해할 수 없어
바람의 콧등으로 흘러들었다

자식보다 은행이 효자라는 말
스펀지 귀가 된 이제야 늦은 불효에 고개 숙인다
통장의 잔고가 간당간당할 때 잠이 오지 않듯
어머님도 그러셨구나

무거운 물동이 얹고 얼마나 많은 잰걸음을 해야
빈 독 가득 채울까
독이 찰랑거려야 다리 뻗고 주무셨다 한다
하지만 날마다 채워야 하는 일수 거래에

참으로 고단한 시대를 견디다 눈 감으신,

물 아껴 써야 복 받는다는 생전의 음성
콸콸 쏟아지던 수도꼭지 얼른 돌렸다

소라게 집

소라게는 가끔 집을 바꾸어 주어야 한단다
그렇지 않으면 스트레스받아 죽는다고,

열여섯 살에 물레방아 도는 집에 시집와
메밀과 감자만 먹고 살아서일까
더 이상 키가 크지 않아
평생 같은 집에 등 둘러붙어 사는 여자

가난이 굵은 칡뿌리로 감겨들던 시절
칠 남매 지켜내느라 헤진 앞치마로 살다 보니
집보다 입이 우선이었나 보다

그런 평창댁이 최근에 집을 옮겼는데
새집에 스트레스받고 있다고 한다
그래, 그 시절 등에 딱 맞았던 소라게 집
지금은 더 쪼그라져 헐렁해져 편하겠지

하지만 입이 커진 딸들은 회의 끝에

이번에 군에서 보상받는 돈으로
요양원보다 더 근사한 새집 알아보고 있단다

한번 뒤집어쓰면 다시는 벗겨지지 않는,

곰삭은 소리

도마 위에 두부를 올려놓다가
오래전 길 떠난 여자 생각이 났다
손보다 혀 놀림이 더 분주하던,

때로는 귀 틀어막고 싶어져
요란하게 채 썰고 있던 당근이나 감자
옆집 담장을 타 넘고 있는 붉은 담쟁이
손에 잡히는 무엇이든 집어 들었다

겨울을 재촉하는 빗소리 때문인가
도마, 두부와 함께 뭉게졌다

온갖 냄새가 들어있는 그 여자의 도마
냄새의 끈 붙들고 따라 들어가니
맛깔나게 발효된 곰삭은 소리

생전 귀가 아닌 콧등으로 흘려들었던,
훗날 누군가 또 무심코 찾아낼

대를 잇는 잔소리 아닌 잔소리

곰삭은 소리가 오늘은 두부의 심장 속에
그리움과 함께 빗소리로 파고든다

누가 귓전 달구었을까

지나가던 어르신이 텃밭을 기웃거린다
호미를 들고 다가가니
4층 빌라까지 키가 큰 살구나무를 가리키며
옛날에 자기가 심어놓았다 한다

올봄, 뜬금없이 배꼽에 새 가지 돋기는 했지만
언제 쓰러질지 몰라 손볼까 한다 했더니
그러게요 세상에 영원한 것은 없지요
젊음도 한 철이구요

조잘거리기 좋아하는 참새가 알려줬을까
농주에 거나하게 취한 봄바람이 귓전 달구었을까

어떻게 그런 용기기 생겼는지
어디서 그런 힘이 솟아났는지
어느 날 살구나무 막춤을 추기 시작하였다
닭살 돋듯 전신으로 번지는 화사한 꽃망울
아마도 두 눈 질끈 감고 추고 있는 게다

코로나 이후 처음 열린 나주 시제에 다녀온 그가
귓전에 슬쩍 전해 주는 큰집 조카의 말
팔순 시숙님도 막춤을 추고 싶어 하시는데
그 춤의 제목은, 앗싸 동남아 여행

회춘한 살구나무 덕분에, 텃밭이 세상이 환해졌다

밸런스 게임

몇 년 전 대장 내시경이 마음에 걸린다
체질적으로 비위가 약한 나
작달비같이 쏟아지는 시간을 피해 도망 다니다
더는 피할 수 없는 고통의 벽 앞에서

사약 마실래 레디프리 마실래
단두대 택할래 레디프리 택할래
진저리 치며 홀로 밸런스 게임을 하였다

또다시 용종 두 개를 제거한 후
사나흘 수저 내려놓고 드는 생각
믿음이란 무엇일까
어떻게 믿음의 크기 알 수 있을까

데린쿠유*에서 주워온 화석 들여다본다
길고 구불구불한 300년 세월
창자 같은 동굴 속에 숨어 살던 사람들

사자 밥 될래 데린쿠유 택할래

기름 가마 들어갈래 데린쿠유 들어갈래

그들도 나처럼 밸런스 게임 하였을까

스스로 걸어 들어가 돌이 된 사람들

화석으로 영원히 남는 그들의 믿음

* 데린쿠유 : 깊은 우물이란 뜻을 가진 튀르키예 동굴 속 지하 도시

현관의 기도

벽시계가 늘어지게 하품을 하자
초조해진 구두가 거실을 기웃거리고 있다
월요일처럼 코 높이 세워주기 기다렸지만
신문을 뒤적이며 애써 모른 척 하였다

이젠 더 이상 꿇어앉아
주름 그득한 이마 호호 불어주거나
땀 젖은 먼지 닦아주지 않을 거야

해가 갈수록 안으로 이즈러져 가는
네 뒷굽 볼 때마다 내 가슴도 삭아내려
절로 기도를 배우게 되었다

진실 드러나는 세상 기원하며
품은 뜻 온전히 펼치기 간구하며
먼 길 떠나는 장군의 아내처럼 꿇어 엎드려
간절하게 두 손 모았었다

이젠 그만 쉬려무나
더 이상 한숨 쉬지 말고
네 억장 무너진다 해도 세상은 바뀌지 않아
하지만 또한 모르지

어제 중동 사막에 눈 폭풍 내리듯
꽃 폭풍 토네이도처럼 몰려와
안개의 기둥과 지붕 날려버릴지 몰라

구겨진 종이백

종점 마지막 정류장에 사는 것이
이렇게 편하고 감사할 줄이야

늦은 저녁 현관에 들어서는 빈손
주저앉는 운동화를 앞장세웠다
분실물 센터에 들어가니
종이백 속에 조카가 선물한 티셔츠 들어있다

놀란 가슴 쓸어내리다가
기저귀 찬 채 사라진 큰아이 생각이 났다
온 동네가 뒤집어졌다
차가 씽씽 다니는 찻길 어떻게 건넜을까

땟국물로 범벅이 된 삐죽이
파출소 구석에 구겨진 종이백으로 앉아있다
눈에 그득한 눈물, 금시라도 터질 기세다

이넘의 자슥, 씩씩거리며 들어섰지만
서럽게 울며 목 끌어안는 고사리손에
깨진 바가지처럼 주저앉고 말았다

그 아이, 어디로 튈지 모르는 딸내미
동영상 날마다 찍어 보내고 있다

간간 구겨지거나 찌그러진 뉴스 접할 때면
남의 일 같지 않아 가슴 서늘해진다

확 갈아엎고 싶다

돌아서면 또다시 출렁이는 화단
저 왕성하고 다부진 힘 어디서 나오는 걸까
돌도 두려워하지 않는 먹성 강한 잡초

일기예보에 귀 기울이며
호미로 다져진 어깨와 종아리로 한판 붙었다

구슬땀 흘리며 환하게 걷어내니
분꽃, 얼굴이 누렇게 떠 있다
철쭉은 아직도 뿌리가 흔들린다

눈썹 여린 꽃, 나무랄 순 없다
심을 때 퇴비도 주고 흙도 몇 삽 얹어주었지만
땅속은 여전히 자갈밭
업자의 검은 속 대변하고 있는,

해마다 잡초들만 살판나는 화단
마음 같아선 확 갈아엎고 싶다

늦은 고봉밥을 들고 티브이를 켰다
사교육 갈아엎는다는 뉴스, 가슴이 뻥 뚫린다

나도 용기를 내봐야지
손보려면 확실하게 봐야겠다

제다 공항에서

잠시 머물게 된 밤 깊은 제다 공항
멀리서 보니 어린 시절 바둑판
흰 돌 속에 박힌 검은 돌, 니캅과 부르카
밥은 어떻게 먹을까

이국 공항 낯설게 실감하고 있는데
긴 머리 쓸어내리며 바둑판 속으로
성큼성큼 걸어 들어오는 핫팬츠
손에 꼬리 달린 핸드폰 들려있다

오목 바둑이란 촉과 눈치의 게임
예상치 못한 아슬아슬한 돌의 등장에
어떤 색깔의 돌 먼저 눈 돌아갈까
설마 눈치챘다 해도 내색하면 하수

잠시나마 눈썹 근질거렸지만
내색하지 않는 돌들 속성 때문에
시들해진 판 엎어버리고 돌아앉았다

갑자기 뒤 목이 뜨거워졌다
바둑판을 빠르게 가로질러 온 여자
그동안 고마웠어요
은빛 목걸이 풀어 목에 걸어준다

나 홀로 카메라와 함께
산토리아 석양을 담기 위해 왔다는
뒷모습이 섬진강 갈대를 닮은 여자
잊고 살던 바둑 잠시나마 상기시켜준,

그렇게 살아가는 거라고

꿩 소리에 귀 기울이며
뿌리로 얽혀 살아가는 숲속 마을 들어섰다

오랜만에 찾아드니 잡목이 무성하다
숨이 차 잠시 너럭바위에 걸터앉으니
양쪽에서 팔 벌려 맞아주는 소나무 두 그루
언제 이렇게 커버렸을까
단단해진 가지 사이로 하늘 높이 떠받치고 있다

넓고 우람한 그늘 속에서 잠시 눈 붙이고 일어나니
이마에 햇살 조각을 붙인 어린나무들이 눈에 띈다
실바람 잡아보려는 손놀림이 분주하다

그늘이 편하다고 언제까지 머물 수는 없지
가뭄에 말라가고 있는 계곡을 더듬다가
맥없이 누워버린 고사목에서 삭고 있는 나이테를 보았다
나이테를 파먹고 있는 부지런한 개미들
쪼그리고 앉아서 구경하다 돌아왔다

목쉰 꿩이 들려주는 숲속 마을 이야기
우리 모두 그렇게 살아가는 거라고,

단추 죄다 풀어버린 손
– 설악 미술관 관장

유럽을 떠돌다 돌아온 후
피카소 스카프 풀지 않는다
취미는 음악 들으며 물레 돌리기
이번 레퍼토리는,

찢어진 악보 내던지듯
벌써 수십 번 뭉개고 또 뭉개버렸다
마침내 단추 죄다 풀어버린 손
정체 모를 흙에 손 섞어 뒤집는다

혼신을 다하는 연주자처럼 한 덩이 반죽
정교하게 늘어뜨려 꽈리 틀어 올렸다
툭툭 선율을 치는 스타카토에 삐져나온 반죽
탁탁 쳐주다가 레카토로 변주될 땐
슥슥 빗살무늬 피크로 새겨 넣었다

멀리 석양이 뉘엿거릴 즈음
호수가 내려다보이는 유리 탁자에

창이 반쯤 열린 집 한 채 얹어놓았다
누가 그 앞을 스쳐 지나갈까

평생 이젤을 껴안고 사느라
실반지 한 번 껴보지 못한 굽은 손의
남은 공정은, 대화가 통하는
남자의 뒷모습에 유약을 바르는 작업이다

뜸 들이며 붓을 고르는 목, 길어 보인다
그림자 길어지자 시침 사이에 날개가 낀
뻐꾸기 또다시 푸드득거렸다

평설 ────────────

사물의 깊이에 두레박을 드리우다
- 박종숙 시집 『눈 마주쳐 보았는가』의 시적 정서 고찰

이동희(시인, 문학박사)

1. 시적 정서는 사물의 의미를 함축하고 있는 샘[井]이다

'사물'은 事와 物이 합해져서 이루어진 낱말이다. 이 어휘를 '일과 물건'이란 간단한 뜻풀이로 알고 있지만 실은 더 깊은 의미를 함축하고 있다. '일'은 사건이고, '물'은 목적물이기도 하지만 사람의 행위치고 이 사물에서 벗어나는 것은 없다. 우리가 인식하는 모든 것을 한마디로 지칭할 때 사물이라고 한다. 사물은 사건과 물질이기도 하지만, 구체적으로 지각할 수 없는 생각이나 마음, 추상이나 개념, 의미나 관념을 대신하는 말이 '事'다. 그래서 事에는 평화나 전쟁, 사랑이나 미움, 풍요와 빈곤 등이 포함될 수 있다. 이에 비해서 '物'은 오감으로 인식할 수

있는 물질-하늘과 구름, 산과 나무, 강과 강물, 사람과 동식물 등을 가리키는 말이다. 사물에서 벗어날 수 있는 인식의 대상은 없다.

그렇다면 시란 바로 사물에 깃든 '어떤 것'을 찾아서 형상화하는 작업의 다른 이름일 수 있다. 어찌 시뿐이겠는가. 모든 창작 행위는 바로 사물에 깃든, 사물이 함축하고 있는, 또는 사물이 감추고 있는 어떤 것을 찾아내서 의미와 가치를 부여하는 행위와 다름없다. 문학 창작이 그렇고, 조형예술이 그러하다. 예술은 한결같이 사물이 담고 있는 어떤 것을 드러내기 좋은 재료를 통해서 찾아내는 일이다.

여기에서 '어떤 것'이라고 했다. 가장 쉽게 그 뜻에 닿자면 '주제'일 수 있겠지만, 어찌 예술 창작 행위가 그 뻔히 규정할 수 있는 주제만을 찾아내기 위해 행해지겠는가. 이 어떤 것에는 인간이 살아가는 데 없어서는 안 될 의미와 가치를 구체화할 수 있는 것들이다. 이를테면 아름다움이나 훌륭함, 비루함이나 고귀함, 정의로움과 비굴함, 헌신과 희생 등등 사람살이에서 빠질 수 없는 것들을 독창적인 안목으로 찾아내어 드러낸 것들이다.

또한 형상화形象化라고 했다. 시문학에서 형상화는 매우 중요한 개념이자 시 창작의 기본 요소다. 다른 예술 장르에 비해서 시 창작의 재료는 언어라고 하는 인류 공통의 소통 수단뿐이다. 매우 단순하기 그지없는 시 창작의 이 재료는 단점도 되지만 장점이기도 하다. 장점은 모든 인류의 생존에 필수적인 공통 요소라는 점이다. 단점은 그렇기 때문에 개성과 독창성을 기본 생명으로 하는 예술 창작에 있어서는 오히려 제약이 따를 수밖에 없다. 누구나 사용하는 언어를 가지고, 누구나 생각할 수 없는 독창성을 담아서, 누구나 공감할 수 있는 개성을 드러내려 하기 때문이다. 언어는 추상적 기호에 개념을 담아낸 상징일 뿐이다. 추상적 기호[언어]를 이용해서 가장 구체성 있게 표현[시]하는 일이 바로 형상화 작업이다.

말하자면 사물에 담겨 있는 의미와 가치를 캐내는데[형상화하는데] 시인이 사용할 수 있는 도구가 추상적 기호 체계인 언어뿐이라는 점이다. 그 언어를 이용해서 시인은 건조한 사물의 됨됨이를 길어 올려 메마른 감성을 촉촉이 적셔 내야 한다. 그런 작업의 결과를 시라 한다.

시 창작의 과정을 굳이 이렇게 전제하는 것은 박종숙 시인의 시집 원고 『눈 마주쳐 보았는가』를 통독하고 얻은 생각 때문이다. 박 시인이 시집에 담아낸 작품들은 사물에서 길어 올린 사유의 샘물이었다. 그것도 가장 일상적인 소재들에 '생각과 표현'의 의장意匠을 개성적으로 살려냄으로써 평범한 사물이 깊이 있는 사유의 대상이 되고, 새로운 미감을 자극하고 있음을 눈여겨볼 수 있기 때문이다.

그런 예가 되는 다음 작품을 보기로 한다.

사랑나무가 굵은 허리를 곧추세웠다
사방으로 뻗을 수 있는 만큼 가지를 뻗자
무수한 잎사귀 일제히 귀 열었다
나는 수시로 그 나무를 찾아갔다

둑길 달려온 국화들도 할 말이 많은 듯
키를 다투며 나무의 발등 밟아댄다

이 세상에 수많은 나무가 있지만
언제 찾아가도 쉴 그늘 내주며
귀 기울여주는 나무가 가장 큰 나무이다

때로 세상 이웃한 가지 몰래 넘나들며
온갖 달콤한 열매 맛보고 싶지만
나는 안다 저 깊은 뿌리 속에
거울이 들어있다는 것을,

어쩌다 그 골목 다녀온 뒤로
발에 쥐나도록 앉아있었다
쉬이 마음이 맑아지지 않는다

그 흔한 옹이 하나 없는 사랑나무
이 산 저 산 넘나들던 새들뿐 아니라
땅속에서 잠만 자던 매미들도
나무의 귀가 따갑도록 할 말이 많다

어머니는 나의 사랑나무였다
　　　　　　— 박종숙 「사랑나무」 전문

  박종숙 시인이 선택한 제재는 '나무'라는 가장 일상적 사물이다. 이 사물에 시적 정서의 두레박을 드리워 길어 올린 샘물이 그 물맛과 의미가 자별하다.
  먼저 '나무=사랑'으로 처음부터 규정한다. 시적 자아는 그 나무를 수시로 찾아간다. 사방으로 뻗은 가지, 귀를 열어 주는 잎사귀들, 그래서 시적 자아는 수시로 사랑나무를 찾아간다. 이 작품의 결구結句에서 드러나지만, 사랑나무는 어머니가 원관념이다. 어머니는 다른 자녀들로 가지를 뻗으셨고, 언제나 자식들의 투정에 마음[귀]를 열어 두신 나무였다. 그래서 사랑나무 슬하膝下에는 세상의 험로[둑길]을 달려온 가을[국화] 식솔들도 사랑나무의 발등을 밟아 댄다. 그런 투정과 원성을 모두 받아 내면서 사랑나무는 존재한다.
  나무라는 사물에서 길어 올린 샘물은 여기에서 그치지

않는다. 언제나 찾아가도 자식들을 위로하고[그늘] 보듬어 안아 주며, 자식들의 하소연을 모두 들어주는 나무가 된다. 결구를 만나기 전까지 독자들은 그럴 것이다. '그런 나무가 어디에 있을까?' 사람들은 자신을 있게 한 근원을 잊고 사는 경우가 흔하다. 그러나 화자는 그것을 용납할 수 없다.

그러다가 마침내 이 작품의 고갱이가 될 만한 샘물을 긷는다. "나는 안다 저 깊은 뿌리 속에 / 거울이 들어있다는 것을." 흔히 형제자매를 일컬어 '동근지생同根之生'이라고 한다. 부모는 자식들의 뿌리다. 한 뿌리에서 태어난 열매들인 셈이다. 그러나 이 진술에서 눈여겨볼 것은 바로 '거울' 이미지다. 자식다운 자식만이 뿌리[母]에서 '거울'을 찾을 수 있다. 거울이 무엇인가? 거울은 귀감龜鑑의 표본이다. [어머니를] 거울삼아 본받을 만하다는 뜻이다. 그러니까 박종숙 시인이 사람됨의 표본을 바로 어머니라는 뿌리에서 찾았음을 고백하는 진술이다.

이런 자식의 부모 사랑의 시적 정서를 "발에 쥐나도록 앉아있었다 / 쉬이 마음이 맑아지지 않는다"고 고백한다. 왜 그런 정서를 피력했을까? 자식으로서 도리를 다하여 어머니를 평안케 모시지 못한 데 대한 후회와 참회의 심정을 드러낸 모습이다. 그러자니 깊은 뿌리를 지닌 사랑 나무[어머니]도 얼마나 할 말이 많겠는가?

그렇지만 어머니는 사람의 언어로 자식들에게 원망하지 않으신다. 다만 자연의 섭리를 통해서 자식들이 귀담아듣기를 바랄 뿐이다. 자연의 교훈보다 더 큰 울림을 주는 가르침이 또 어디에 있겠는가? 그래서 "이 산 저 산 넘나들던 새들뿐 아니라 / 땅속에서 잠만 자던 매미들도 / 나무의 귀가 따갑도록 할 말이 많다"고 했다. 새의 언어나, 매미 외침의 원관념이 무엇이냐고 따질 일은 아니다. 차안此岸에서 생명을 구가하는 자들이나 피안彼岸에서 강 건너를 넘겨다보려는, 애틋한 정감[사랑]은 인간의 언어로는 불통한다는 것을 잘 안다. 그럴 때 자연은 진리를 들려주기를 마다하지 않는다. 그 대행자가 바로 새들의 노래요, 매미들의 합창이다.

"부모를 공경하는 효행은 쉬우나, 부모를 사랑하는 효행은 어렵다. －孝敬父母易, 孝愛父母難"『장자莊子』에 나오는 말이다. 자식들은 자신의 세대에 맞는 것을 진실이라고 우겨 댄다. 그러면서 자신의 어법대로 관행대로 부모를 공경하며 그것이 효도라고 착각한다. 그러나 부모는 한 세대 전의 진실을 간직하고 있다. 이 세대 간의 간극을 메울 수 있는 길은 공경[理性]만으로는 어림없다. 바로 사랑[感性]이어야 가능하다.

박종숙 시인은 [어머니]나무에 사유와 미감의 두레박을 드리우고 사랑이라는 감성의 샘물을 길어 올린다. 그것이 효행이라거나, 그것이 사람의 도리라는 교훈을 전달하기 위함이 아니다. 시적 자아가 간직하고 있는 시적 정서를 그렇게 그려 낸다. 사람들은 말로 소통한다. 그러나 말은 휘발성이 강하다. 그것보다는 오히려 느낌[정서, 감성, 서정]이 오래도록 남아서 살게 하는 힘이 된다. 어머니의 말씀은 곧 망각의 저편으로 사라지고 말지만, 어머니가 끓여 주신 된장찌개-김치찌개 맛은 뿌리에 남은 감성이 되어 자식들의 입맛을 좌우하는 미감味感이 된다.

나무라는 사물에서 정서의 두레박이 없었다면 어떻게 공경을 넘어 사랑의 샘물을 길어 올릴 수 있겠는가. 그래서 사물은 누구에게나 객관적으로 존재하지만, 시적 정서의 두레박을 내려 시적 정서의 샘물을 길어 올릴 수 있을 때만 비로소 객관적상관물客觀的相關物이 되어 우리의 목마른 미감美感-味感을 의미 있게 적셔 줄 것이다. 박종숙 시에서 그것을 발견하는 것도 시를 읽은 한 즐거움이자 보람이다. 객관적 사물을 객관적 상관물로 승화시키는 시적 정서의 두레박이 요긴하게 쓰이는 대목이다.

다른 작품을 보기로 한다.

목이 말라 잠결에 눈을 뜨니
침대 모서리가 은은하다

반쯤 일어나 머리를 쓸어 넘기니
고된 하루를 틀어 올렸던 핀을 주워준다
언제부터 지켜보고 있었을까
도시의 눈썹 깊이 잠들기를

바쁘게 사느라 잊고 살았던
밤낮 붙어살기에 더 멀어진,

이불 한 자락 슬쩍 걷어주니
오랜만이라며 옆에 와 눕는다
선잠 깬 이마 포근하게 어루만져주며
짙어진 눈썹에 입 맞춘다

누가 창문 열어놓았을까
아침에 눈 뜨니 양어깨가 시리다

— 박종숙 「반달」 전문

 앞에서 봤던 '사랑나무'는 사물에서 '物'을 그려 내면서, '어머니 사랑'이라는 '事'를 형상화한 작품이다. 그런데 이 작품에서는 역으로 '事'를 우선 소재로 삼아 '物'의 존재 의미를 형성화해 낸 작품으로 보인다. 어찌하든 사물에 미감과 사유의 두레박을 드리운 셈이다.

이 작품에서 시적 화자는 남편의 사랑을 그려 낸다. 불같이 뜨거웠던 젊었을 적 사랑도 지나가고, 삶의 버팀목을 잡고 안간힘을 쓰느라 치열했던 장년의 사랑도 흘러갔다. 이제 어느새 은퇴하고 삶의 뒤안길을 뒤척이며 사느라 존재 자체도 잊고 살 만한 노년의 부부다. 그저 어딘가에 있으려니, 어딘가 내 가까운 곳에 있으려니, 짐작하며 사는 게 노년의 부부생활이다. "침대 모서리가 은은하다"는 시적 진술이 그런 정감 속에서도 정겹다. '겉으로 드러나지 않고 어슴푸레 흐릿하다'는 표현이 말뜻을 넘어서 시적 화자로서의 자아[아내]와 시적 대상으로서의 자기[남편] 사이의 관계 양상을 특별하게 그려 주는 데 효과적이다.

그렇다. 노년의 부부 사랑은 은은하다. 누구는 그런다. 늙어서 부부는 그저 동정심으로 사는 관계라고. 그러자 또 누가 그런다. 늙어서 부부는 동무 삼아 사는 관계라고. 그러자 또 누군가 손사래 치며 나선다. 동정심이네 친구네 다 헛소리고 그저 울타리 삼아 사는 것이 노년의 부부라고 한다. 어느 편이건 다 그럴 만하다.

박종숙 시인은 부부라는 존재를 어떻게 생각하고 있을까? 서로가 서로에게 '은은한 존재'라고 여기고 있음에 분명하다. 겉으로 잘 드러나지는 않아 어슴푸레 흐릿하지만 '분명한 존재감'이 있는 게 부부다. 그런데 '고된 하루'를 틀어 올리느라고, '도시의 눈썹'이 깊이 잠들지 못할 정도로 분주하게 사느라고, 혹은 '밤낮없이 붙어살기에' "[오히려] 더 멀어진 [존재]" 그게 바로 부부 사이다.

그런 아내에게 시적 대상[남편]이 "[머리]핀을 주워 준다" 그런 시적 자아[아내]가 "이불 한 자락 슬쩍 걷어 준다" 그리고 이어지는 진술은 "눈썹에 입 맞춘다" 매우 살가운 애정 표현이다. 매우 다감한 부부 사랑의 그림이 완성된다. "옆에 와 눕는" 시적 대상은 열정과 치열의 시간을 건너온 '은은한' 존재로서의 사랑의 실체가 된다.

이 모든 사건[事]들-[머리]핀을 주워 주고, 잠든 아내를 지켜보며, 아내의 옆자리에 누워, 아내의 이마를 포근하게 안아 주고, 짙어진 눈썹에 입 맞추는 행위들을 통해서 박종숙 시인은 '부부 사랑가'를 끌어내어 불러 준다. 사건들에서 의미소들을 길어 올려 부부 사랑이라는, 사람과 사람이 부부로 만나서 어떻게 구체성[物] 있는 삶에 이르는지 그려 낸다.

이때 누가 있어 "창문을 열어놓았을까" 그렇게 살갑던 시적 대상[남편]은 어느새 [하늘의] 반달이 되어 비춰 주고 있다. 반달은 온달[보름달]이 되려 한다. 반달이 반달인 채로 있으면 달이 아니다. 언젠가 세월의 마차를 타고 신[神: 누군가, 창문을 열어 둔 자]의 뜻에 따르다 보면 완전한 달[보름달]에 이를 것이다. 부부는 최선의 반쪽이라고 한다. 부부가 그렇게도 서로를 애타게 그리워하는 것은 잃어버린 반쪽을 찾으려는 본성의 발심이라고 한다.

그래서 '반달' 이미지는 모자람이 아니라 '완성[보름달]'을 향하여 나아가려는 지향의 이미지다. 박종숙 시인이 사건의 샘에 드리운 두레박에는 넘치는 부부 사랑가가 정갈하게 넘실거리지만, 그것이 엘레지[élégie-悲歌]일 수도 있겠다는 염려를 불러온다. "아침에 눈 뜨니 양어깨가 시리다"는 진술이다. 그렇지만 불변의 사랑은 시간과 공간의 벽을 쉽게 넘어갈 수 있지 않던가. 그것이 찬가여도, 비가여도 참된 사랑가는 차안에서 피안을 꿈꿀 수 있는 희망이 되며, 피안에서 차안을 손잡을 수 있는 동기가 되고도 남음이 있다. 그것이 시적 상상력이 보여 주는 서정의 힘이다.

박종숙 시인이 드리운 사유와 미학의 결실이 그것을 가능하게 한다.

2. 시적 정서는 관계의 정밀성을 길어 올리는 샘[井]이다

사람은 사람이 있어 사람이다. 흔히 사람 人의 자형을 들어 비유한다. 그렇지 않더라도 사람은 사람이 있어 사람일 수 있다. 가정이라는 말, 사회라는 말, 겨레라는 말, 인류라는 말들은 사람의 무리를 전제하지 않고서 성립될 수 없는 말들이다.

그럴지라도 그 사람과 사람 사이의 관계망이 모두 동질

의 선성만으로 이뤄지지는 않는다. 그래서 갈등이 생기고, 그것이 분쟁이 일어나며, 나아가 피 튀기는 전쟁도 불사한다. 모두가 관계망의 정밀성이 온전하지 못한 탓이다. 박종숙 시인은 이런 관계망의 미묘함에 대하여 시적 정서의 두레박을 드리운다.

  다음 작품을 보면서 그렇게 길어 올린 시적 정서의 물맛을 음미하기로 한다.

    친구의 생일을 맞아
    소문난 돌다리 뒷골목 명태찜

    머리에서 꼬리까지의 거리, 가깝고도 멀었다
    한때 제 살 일부였던 가시만 남겨놓고
    점차 지워져 가는 빈자리
    양 손가락 쪽쪽 빨며 입담으로 메워갔다

    살아생전 명태의 여정 어떠했을까
    쫀득거리는 아가미에서 꼬리를 향해 질주하는
    맛깔난 대화는 꼴사나운 수다. 그러나
    우리에겐 소크라테스의 진지한 생의 문답

    마침내 접시에 고소한 눈만 남았다

우린 약속이라도 한 듯 젓가락 높이 쳐들고
서로의 반짝거리는 눈 들여다보았다

외식 후 식탁, 은근 살가워지기 마련이다
청양고추 송송 두부는 넙죽 얼큰해진 동태찌개
맛있어 맛있어 하며 연신 들이마시는
그의 무심한 눈 은근슬쩍 올려다보았다

언제 눈 마주쳐 보았을까
　　— 박종숙 「언제 눈 마주쳐 보았을까」 전문

　이 작품 역시 사물에 감성의 두레박을 드리운 형국이다. 사물이 고르게 시적 진술의 배경을 이룬다. 친구와의 만남이라는 사건과 동태찌개라는 물질을 접하며 서정이 교차된다. 그럴 때마다 파생되는, 감성의 협화음 또는 불협화음으로 인하여 발생하는 파장을 놓치지 않고 길어 올린다.
　우선 두 개의 비유가 병치된다. 명태[찜−동태찌개]의 머리에서 꼬리까지의 거리가 하나이고, [사유하는] 사람의 머리에서 음식을 먹으며 끊임없이 말[수다]를 토해 내는 몸[입−꼬리]까지의 거리가 대조된다. 물론 이 뒤의 대조항은 시적 진술의 애매성ambiguity 속에 감추어져 있지만, 눈 밝은 독자들은 충분히 간파해 낼 수 있다. 그런데 이

[머리에서 꼬리까지]거리가 가까운 사람일수록 '생각을 먼저'하고 행위를 뒤에 한다. 그러나 이 거리가 먼 사람일수록 '행위를 먼저'하고 생각을 나중에 하는 경향이 있다.

그래서 후자의 사람일수록 '수다'가 화려하다. 물론 수다를 들어줄 시적 대상은 그저 타인일 뿐이다. 그래서 시적 화자는 한 마디 지청구를 토해 낸다. "우리에겐 소크라테스의 진지한 생의 문답"이 있다고, 시적 자아가 협화음을 낼 수 없는 속내를 드러낸다. 그러니까 남을 탓하기 전에, 남을 비난[욕]하기 전에, 나만을 주장하기 전에 "네 자신을 알라!"는 것이다. 소크라테스가 인류에게 던진 '생의 문답'이 아니던가. 타인을 탓하고 꾸짖고 욕하기 전에 나 자신을 먼저 돌아보라는 것이다.

세상은 나만의 관점으로 굴러가지 않는다. 독단적 사고방식은 전근대적 왕조시대나 가능할 법하고, 독선적 자기과시는 맹목적 신앙 행위나 다름없다. 세상이 그렇게 단순하지 않다. 나만의 세상, 타인이 없는 나만의 세상은 불가능하다. 니체를 비롯한 탈 현대철학자들은 타자의 가치를 적극적으로 옹호한다. 인간이 자연을, 삶이 죽음을 전제로 하듯 나[주체]는 남[타자]를 전제로 할 때 존재한다는 사실에 주목한다.

그런데 이 작품에서 시적 대상은 끊임없이 독선에 빠져 '수다'에 몰입한다. 타자를 전혀 배려-의식하지 않는다.

타자를 사유한다는 건 차이의 인정을 전제하는 것이며, 타자는 불완전한 나를 보완해 주는 고마운 존재다. 타자의 시선은 내가 결여한 남의 시선이다. 니체의 명언들이다. 타자는 내가 볼 수 없는 것을 볼 수 있게 해 준다는 지적 역시 니체Nietzsche의 혜안이다. 이런 안목과 시선이 결여되어 있을 때 '너와 나'는 영원히 타자일 수밖에 없다.

나와 너의 관계의 정밀성이 어떠해야 하는가. 그런 결정적인 비유를 박종숙 시인은 "언제 눈 마주쳐 보았을까"에 집약해 놓고 있다. 눈은 마음의 창이라고 한다. 유행가 가사이기도 하지만, "눈으로 말해요"라고 한다. 마음을 주고 싶은 사람에게 주는 나의 첫 번째 반응은 그[타자]에게서 눈길을 떼지 못하는 것이고, 마음의 문을 닫은 사람에게서 거두어지는 나의 첫 번째 반응은 그[타자]에게 눈길을 주지 않는 것임은 우리의 몸이 터득하는 바다.

그러니까 머리는 어디에 두고 장광설[수다]를 설하면서 상대에게 눈길을 주지 않는다는 것은 벌써 타자를 나의 주체적 인식의 대상에서 거두었다는 표상이 되기 때문이다. 그래서 시적 자아는 혼자서 넋두리하듯 결구한다. "언제 눈 마주쳐 보았을까" 이런 관계는 가정에서, 직장에서, 나아가 불특정 다수가 조우하는 사회에서 얼마든지 차용될 수 있는 사람다운 길에 대한 잠언일 수 있겠다.

이러한 박종숙 시인의 시적 정서는 전혀 낯선 것이 아

니다. 앞에서 소크라테스에게서, 혹은 니체에게서 찾을 수 있는 삶의 정도요 사람다운 삶의 혜안과 일치한다. 인도 철학자요 성자로 추앙받는 카비르kabir의 시심과도 완전히 일치한다. "몸도 없고 죽음도 없는 님 앞에서 / 몸이 있고 죽음이 있는 사람이 춤을 춘다. / 나팔소리가 말한다. / 마음의 스승이 다가와 / 제자에게 머리를 숙인다. / 이처럼 보기 드문 일을 위해 애써라."(카비르의 시 「너는 나다」전문) 너를 내 사유의 대상으로 주체화할 때 우리는 비로소 진리의 소리[나팔 소리]에 귀 기울이는 격이며, 마음의 스승이 제자에게 머리 숙여 겸손과 배움의 진리를 터득하는 격이다.

그러기 위해서 우리는 먼저 타인과 눈을 맞추어야 한다. 눈을 맞추면 말하기 전에 말뜻을 알 수 있는, 나팔 소리를 들을 수 있다. 침묵이 길어지는가? 그 사람의 눈을 응시하면 침묵의 그늘 뒤에서 들려오는 나팔 소리를 들을 수 있을 것이다. 박종숙 시인이 이 작품을 표제로 삼은 것도 의미가 깊다. 사람과 사람 사이에 다리를 놓고 싶은데, 그 다리가 바로 "서로 눈 마주쳐 바라보기"가 아닐까, 짐작한다. 그렇게 했을 때 관계의 정밀성이 더욱 친근하게 자리 잡게 될 것이다.

시적 발상이 이와 닮은 작품을 보기로 한다.

현관이 헐거운 덕소 아파트
젖은 우산을 털며 들어섰다
습관대로 광고 자막에 눈 고정시킨다

왜 이 박스 안에 들어서면
잎담배처럼 등을 말거나
입 꾹 닫은 감자나 고구마 될까

생판 모르는 남자와 둘이 탈 땐
자막에 뜨는 글 자근자근 씹는다

짜장면 배달이나 고소한 치킨 택배 등
자막엔 그저 건성인
고마운 헬멧과 타면 더없이 편하다

바뀌는 자막에 해외 뉴스가 뜬다
드러난 어두운 속살은 국민의 침묵

비단 러시아뿐이겠는가
택배와 목숨 건 강남 아파트
문 앞 배달은 요구하면서도 차량 출입은 불가

누가 먼저 침묵을 깨야 할까
　　— 박종숙 「누가 먼저 침묵을 깨야 할까」 전문

　이 작품은 앞에서 살펴봤던 작품과 일맥상통하는 시적 정서를 드러낸다. 역시 사건[事]이 물질화[物]된 현대 사회에서 과연 무엇이 삶의 진실인가를 추구한다. 사건의 내용은 분명하다. 한때 인터넷상에서 많은 이들의 공분을 샀던 일이다. "택배 차량은 경내에 진입하지 못한다"는 어느 고급 아파트(?)의 경고문이 발단이 되었다. 이 사건을 접하자 한때는 서민 아파트에 사는 사람들이 도로 구조상 고급 아파트를 [지름길로] 통과해야 하는데, 그렇게 다니지 못하도록[먼 길을 우회하도록] 울타리를 쳤다는 뉴스도 떠올랐다. 이래저래 서울은 사람 살 곳이 못 되는가. 아니 서민들은 발붙일 데가 못 되는 곳이라는 선입관이 필자에게 자리 잡게 된 것 같다.
　필자는 어느 정도 되어야 고급 아파트인지 감을 잡을 수 없는 천상 시골 촌놈이기도 하고, 심부름시켜 놓고 우리 집에 들어오지 않은 채 심부름시킨 물건을 전달해 달라는 집주인의 황당한 주문에 그저 어안이 벙벙하기만 하다. 그러나 이것은 대한민국 수도 서울에서 벌어진 사실이다. 이 노릇을 어찌해야 한단 말인가. 이렇게 망연자실할 때 박종숙 시인은 이 사건을 시적 사유로 건져 올려 새로운 시적 정서로 담아낸다.

 이것은 공동체 정신의 붕괴네, 졸부 근성의 만발이네 하며 공분만 살 일이 아니다. 그러나 보통 시민들은 그렇게 울분에 사로잡혀 허공에 주먹질을 해 대거나, 인터넷 댓글 창에 아파트 주민들을 싸잡아서 나무라고 비난일색일 때 시인은 특유의 두레박을 사건의 깊이에 드리운다. 그리고는 공동체의 미덕으로 어떻게 우리의 삶이 진화되어 아름답게 가꿀 수 있는지 시적 정서로 노래한다.

 그 길은 바로 "짜장면 배달이나 고소한 치킨 택배 등 / 자막엔 그저 건성인 / 고마운 헬멧과 타면 더없이 편하다"는 발상의 전환이다. 엘리베이터에 탔는데, 때마침 자장면이나 치킨 배달부와 조우한 모양이다. 이럴 때 누구는[고급 아파트 주민들?] 그 음식 냄새나 배달부를 무슨 불가촉천민을 대하듯 코를 싸쥐거나, 옷깃이라도 스치면 병균이라도 옮긴다는 듯이 설레발이다. 그런 사람들이 울타리를 쳐 이웃 사람들을 돌아가게 만들고, 그런 사람들이 택배 차량의 아파트 내 진입을 막을 것이 틀림없다.

 시적 화자는 그럴 때 "바뀌는 자막에 해외 뉴스가 뜬다 / 드러난 어두운 속살은 국민의 침묵"이라며 언짢은 속내를 그린다. 이런 변별심이 분별력을 잃게 하여 러시아와 같은 무모한 전쟁을 유발하고 있다는 것이다.

 우리 사회는 변별력만을 가치와 의미 있는 능력으로

보고, 분별력 있는 사유와 행동은 외면하는 형국으로 돌아간 듯하다. 그러니까 사회가 이렇게 몰염치하게 변하였으며, 사람의 가치마저 물질의 가치로 환산하기를 아무렇지도 않게 여긴다. 이것은 타락한 사회의 징조이거나, 자본주의 말기 현상의 병폐가 아닐 수 없다.

우리는 변별력보다 분별력을 가지도록 힘써야 한다. 변별력은 지배자와 피지배자, 가진 자와 못 가진 자를 가르는 힘이다. 우수자와 열등자, 남자와 여자, 남과 북−동과 서를 갈라놓는 '차별화의 힘'이다. 이와 달리 분별력은 참과 거짓, 옳음과 그름, 의미와 무의미를 헤아리는 '지혜의 힘'이다. 돈과 권력이라는 물신에 젖은 변별력만이 우대받는 사회는 희망이 없다. '분별력'만이 인간과 사회를 조화롭고 건전하게 유지 발전시킬 수 있는 희망의 열쇠다. 시문학은 지성과 감성으로 분별력을 발휘하는 글쓰기다! 박종숙 시에서 이런 분별력의 희망을 발견한다.

3. 시적 정서는 사물의 속살을 드러내는 샘[井]이다

다음 작품은 시적 상상력이 우리의 삶을 얼마나 풍요롭게 하는지 엿보게 한다. 우리의 삶은 모르는 것 앞에서 호기심을 놓지 못함으로써 발생되는 다툼의 연속이다. 모르는 것은 끝내 알아내야 직성이 풀리는 도전적인 사람도 있다. 그런 사람들이 지닌 아름다운 무기는 바로 '지성적 호기심'이다. 그러나 모르면 모르는 대로 살아도 별로 아쉬울 것이 없다고 여기는 사람들이 지닌 만능의 무기는 바로 '타성적 무관심'이다.

세상은 전자의 사람들이 지닌 무기로 이만큼 문명화를 이룩했다. 후자의 사람들이 대세였다면 아마도 우리는 석기시대를 벗어나지 못했을지도 모른다. 시인은 바로 전자-지성적 무기를 지닌 대표 시인이다. 지성적 상상력과 감성적 호기심으로 이루어진 시정신은 몰랐던 것, 가려진 것을 파헤쳐 진실을 드러내려는 일관된 호기심을 근본으로 한다.

다음은 시인이 지닌 지성적 상상력과 감성적 호기심으로 빚어낸 사물의 속내를 드러낸 작품이다. 엑스레이 감마선이라면 인체의 내부를 비춰 뼈의 형상만 보여 주겠지만, 박종숙 시인이 지닌 감성과 상상의 엑스레이 감마선은 우리에게 미감의 실체를 건져 올려 보여 주려 한다. 그가 건져 올린 두레박에는 지성과 감성의 샘물이 찰랑거린다.

자정의 노래 붉은 담 타고 내려올 때
담쟁이가 무성한 소문의 등줄기 더듬고 있다
더듬다 보면 틈새의 언저리 찾을지 모르겠다

아직 들여다본 적 없으니 속사정 안다고 할 수 없다

오래 전 담 뒤편에 뛰어든 나비
낡아가는 담을 울리더니
날개에서 찢어진 북소리 들렸다

반쯤 눈 감고, 서로의 안 들여다보면
이 담이나 저 담이나 속사정은 비슷한데
수석 속에 들어있는 붉은 담은 애써
죽은 애벌레 같은 틈새 감추려 한다

그럴수록 담쟁이 얼굴 그늘이 짙어갔다
— 박종숙「수석을 엿보다」전문

 이 작품은 사물의 내면을 들여다보기 위해 외면으로부터 관찰의 촉수를 들이대는 형국이다. 모든 사물은 안팎을 지닌다. 안은 밖을 가능케 하는 핵심이며, 밖은 안을 존재케 하는 그릇인 셈이다. 안과 밖은 서로 조응하고 협력하며 상조한다. 그러나 우리는 그 외면을 통해서 내면을 알고 싶은 호기심으로 충만하지만, 모든 사물이 호락호락 내면을 드러내지 않는 속성을 지니고 있다. 멀리 갈 것도 없다. 우리 인간이 그렇지 않은가, '속 다르고 겉 다른' 대표적인 사물을 들라면 바로 인간을 꼽아야 할 것이다. 사람의 겉을 보고 그 속을 알 수 없는 대표적인 존재[사물]

이다.

　박종숙 시인은 이런 원리를 간파한 듯하다. 그래서 사람 대신 수석을 제재로－객관적 상관물로 채택한 듯하다. 수석은 수석壽石이라고도 하고, 수석水石이라고도 한다. 앞의 수석은 돌이라는 물질의 무한함을 빌려 그것을 선호하는 사람들의 무병장수－만수무강을 바라는 희망이 담겨 있을 것이다. 후자는 돌이 물가에서 찾기 쉬운 것이기도 해서다. 그렇지만 여기의 돌과 물은 서로 상극이면서 서로가 서로를 조응한다. 물은 제멋에 겨워 흘러가지만, 그냥 흐르지는 않고 제 몸으로 돌의 외형을 만들어 주는 역할을 한다. 그래서 돌의 외형은 전적으로 물의 작용 아닌 것이 없을 정도다.[풍화작용은 또 다른 의미로 돌의 외형을 만들지만……]

　돌[수석]을 엿보려 하면서 시적 자아는 그 도구로 '담쟁이'를 선택한다. 깊은 사유의 두레박질이 건져 올린 묘수다. 돌처럼 단단한 내부를 염탐하려면 돌과는 전혀 딴판으로 부드러운 도구를 써야 한다. 그게 담쟁이다. 담쟁이는 작은 틈새라도 그냥 두지 않는다. "아직 들여다본 적 없으니 속사정 안다고 할 수 없다"며 너스레를 떤다. 그러나 모든 단단함－그것이 무자비한 독재 권력이 되었건, 인색한 부가 되었건, 냉혹한 차별이 되었건－은 작은 틈새로 갈라지고 찢어지며 분열된다는 것을, 물리학의 상식과

역사의 교훈이 말해 준다. 담쟁이가 그 틈새를 찾는 데는 귀신이 아니던가!

"오래 전 담 뒤편에 뛰어든 나비 / 낡아가는 담을 울리더니 / 날개에서 찢어진 북소리 들렸다" 하지 않는가. 여기에서 '담'은 '수석[돌]'과, '나비'는 '담쟁이'와, 그리고 '날개'는 '담쟁이(더듬이)'와 완전히 오버랩되는 동질의 이미지다. 표현의 다양성을 살리기 위한 변형일 뿐이다. 이런 이미지들은 마침내 '찢어진 북소리'에 닿는다. 이 이미지의 원관념은 말할 것도 없이 깨어지는 벽이요, 무너지는 담이다. 그래서 도무지 알 수 없을 것 같았던, 단단한 사물[수석-담, 권력, 부, 차별……]의 속내를 알 수 있게 된다는 것이다. 속내를 안다는 것은 그런 사물들이 깨어지고, 무너지며 바로잡혀서 사물의 됨됨이답게 속살을 드러낸다는 것이다. 그리하여 사물의 됨됨이답게 제자리를 잡게 된다는 것이다.

이와 결을 같이하는 다음 작품을 보기로 한다. 사물의 됨됨이가 제자리를 잡게 될 때 우리의 삶은 어떻게 변화에 대응할 수 있을 것인가를 가늠하게 하는 작품이다.

    거실 문이 열리자
    빈 화분과 함께 햇살 따라 들어왔다
    햇살이 둥근 팔 둘러주자

그 안에 들어가 꽃씨처럼 잠을 청해 보았다

눈을 감자 속이 편안해졌다 문득,
목소리마저 감아야 들어갈 수 있는
양평의 별 그리다*가 떠올랐다

비문이 든 주소를 들고
양지바른 그 골짜기 돌아 나올 때
잔 기울이며 다시 한번 물어보았다

우리가 같이 걸었던 숲이나 강
그리고 별에 대해선 말하고 싶지 않았다
다만, 편안해졌냐고
이젠 좀 편안해지면 안 되겠냐고,

* 별 그리다 : 공원묘지

— 박종숙 「별 그리다」 전문

  이 작품은 시인의 사유가 닿을 수 있는 가장 마지막 종착점인 듯하다. 시승 조오현 스님은 "중은 출가하여 절에서 죽음을 공부하는 사람이다."라고 설법하였다. 그렇지 않은가? 세속을 스스로 박차고 나아가 산가에 머물면서 이승의 삶에 대한 욕망을 되풀이할 수는 없을 것이다. 그러자니 세속적 인간들이 추구하는 사물들과는 사뭇 다른 결을 수행할 수밖에 없을 것이다. 그 정점이 곧 죽음이다.

이 법문이 주는 울림이 어찌나 크던지 필자는 이 말씀을 받아서 곧 다음과 같은 패러디를 완성하고, 필자가 수행 삼아 정진하는 시문학의 좌우명으로 삼기로 했다. "승려는 출가하여 산가에서 죽음을 공부하는 사람이라면, 시인은 재가하여 속가에서 목숨을 공부하는 사람이다." 잘 죽으려면 잘 살아야 그 끝에 이를 것이며, 잘 살고 나면 잘 죽을 일만 남기 때문이다. 그래서 승려가 죽음을 공부해서 잘 죽으려는 것이나, 시인이 목숨을 공부해서 잘 살려는 것은 모두가 같은 길에 서지만 출발점과 도착점을 달리했을 뿐이다.

박종숙 시인은 이 작품에서 목숨[生]과 죽음[死]에 대하여 매우 특별한 시적 정서를 형상화한다. 과연 시인다운 시안이며, 그것을 풀어내는 시심의 현주소가 현실의 우리에게 던져 주는 메시지가 매우 강렬하지만, 심미적 표현으로 누그러뜨려 보여 주는 시어에 함축미를 담아내는 기법이 보편타당한 미학의 대상으로 승화되는 듯하다.

이 작품의 중심 제재는 '별 그리다'인데, 이 말은 중의적 뜻을 가지면서 서정성 강한 빛으로 반짝이는 것 같다. 왜냐하면 이 '별 그리다'는 실은 '공원묘지' 이름이기 때문이다. 묘지는 사람이 죽어서 묻히는 곳이 아닌가.

1연에서 묘지를 참신하게 전제하는 이미지가 선보인다. "햇살이 둥근 팔 둘러주자 / 그 안에 들어가 꽃씨처럼 잠을 청해 보았다"고 했다. 자신의 죽음마저 객관화하여 미리 들어가 보는 상황을 이렇게 아름다운 시어로 장치해 놓았다. 꽃씨가 묻혀 잠을 자고 나면 분명히 새싹으로 돋아나는, 부활의 이미지를 간직한다. 몇 해 전 필자도 그런 체험을 해 봤다. 가톨릭 피정避靜 수행 중에 독방에 들어가 촛불만 켠 채 책상 위에 놓인 거울을 보았다. 거울은 검은 리본을 양쪽으로 늘어뜨려 놓아서, 거울에 비친 내 모습이 영락없는 '영정 사진' 얼굴로 보였다. 순간 섬뜩하고 쭈뼛한 기분이 들었으나 이내 고요히 영정 사진[거울]에 담긴 내 얼굴을 들여다보면서 주어진 시간을 묵상할 수 있었다.

이 작품의 서정적 자아도 그랬을 것이다. 이어지는 2연에서 그런 시적 정서를 뒷받침한다. "눈을 감자 속이 편안해졌다 문득, / 목소리마저 감아야 들어갈 수 있는 / 양평의 별 그리다가 떠올랐다"고 했다. 꽃씨처럼 웅크리고 무덤에 들어가 보니 속이 편안해졌다는 것이다. 눈도 감고, 목소리도 감아야 들어갈 수 있는 '별 그리다' 공원묘원─자신의 죽음을 묵상하는 순간이다. 슬프다거나, 비극적 종말이라거나, 비참한 기분과는 거리를 달리하면서, 시인이 얼마나 치열하게 '목숨을 공부'하며 이 경지에 이를 수 있을지, 시적 정서가 감명을 준다.

  그냥 스쳐 지나가는 나그네의 호기심이 가질 법한 에피소드가 아니다. "비문이 든 주소를 들고 / 양지바른 그 골짜기[공원묘지를] 돌아 나올 때" 그는 이미 양지바른 어느 지점에 자신의 거처를 점지해 두었을 것이다. '비문'이 碑文인지, 秘文인지, 아니면 非文인지, 그도 아니라면 이 모두를 함축해 내고자 하는 의도된 모호성일 것이다. 碑文이어도 참신한 표현이다. 지혜롭게 죽음을 공부한 사람은 자신의 묘비명을 미리 작성해 두지 않던가. 죽음으로 가는 길은 아무도 알 수 없는 비밀이다. 그래서 秘文-비밀스러운 암호 같은 문장을 손에 들었을 것이다. 그도 아니라면 非文도 좋은 시적 상상력을 높이는 데 기여한다. 산 사람에게 죽어서 들어갈 묘지를 안내하거나 홍보하는 문장이, 어찌 산 자의 눈에 바른 문장으로 보이겠는가? 그런 문장은 非文으로 취급해야 마땅하다.

  그래도 죽음의 종착점을 향해 가면서 구체적인 목숨의 현장들에 대하여 기억하고자 하는 일은 무망하다. 그래서 "우리가 걸었던 숲이나 강"에 대하여 무슨 말을 더하고 싶겠는가? 더구나 영원히 손에 닿을 수 없는 별[이상-꿈-희망]에 대하여도 무슨 언설을 보탤 수 있겠는가? 별은 영원히 빛나야 별이고, 꿈은 잠을 자야 이룰 수 있으며, 열리지 않은 판도라의 상자일 때 희망일 수 있지 않던가.

그래서 시적 자아는 "다만, 편안해졌냐고 / 이젠 좀 편안해지면 안 되겠냐고," 자문할 뿐이다. 그래서 그렇다. 죽음을 제대로 공부한 승려는 자신의 죽음이 곧 쾌활[快活-즐거움과 기쁨]이고, 목숨을 제대로 공부한 시인은 자신의 죽음마저 안식[安息-편안한 쉼]으로 맞이할 수 있을 것이다. 별 그리는 공원묘지에서 영면을 청할지라도, 시적 자아는 별 그리는 일은 그만두고 평안한 안식을 바랄 뿐이라는 것이다. 박종숙 시인이 그리는 목숨 공부의 결정판이 될 만하다.

지금까지 박종숙 시인의 시 세계를 세 가지 관점에서 조망해 봤다. 첫째, 시적 정서는 사물의 다양한 의미를 함축하고 있는 샘[井]이라는 관점이다. 둘째, 시적 정서는 관계의 정밀성을 길어 올리는 샘[井]이라는 관점이다. 셋째, 시적 정서는 사물의 속살을 드러내는 샘[井]이라는 관점이다. 박종숙 시인은 이 샘에 깊은 사유로 무장하고, 미학적 표현으로 다듬어진 두레박을 드리운 채 시 세계에 마르지 않을 시정신의 샘물을 길어 붓고 있었다. 그 샘물에 목을 축인 독자 역시 삶과 죽음의 갈증에 일말의 구원이 될 수 있을 것이다.

창조문예 시선 008
눈 마주쳐 보았는가

초판 발행일 2023년 10월 6일

지은이 박종숙
펴낸이 임만호
펴낸곳 창조문예사
등 록 제16-2770호(2002. 7. 23)
주 소 서울 강남구 선릉로112길 36(삼성동) 창조빌딩 3F(우 : 06097)
전 화 02) 544-3468~9
F A X 02) 511-3920
E-mail holybooks@naver.com

책임편집 김종욱
디자인 이선애
제 작 임성암

ISBN 979-11-91797-32-9 03810
정 가 12,000원

※ 잘못된 책은 바꾸어 드립니다.